SOUVENIRS ET MÉMOIRES

DE MADAME

LA COMTESSE MERLIN.

SOUVENIRS ET MÉMOIRES

de madame la

COMTESSE MERLIN,

PUBLIÉS PAR ELLE-MÊME.

II

PARIS.

CHARPENTIER, LIBRAIRE-ÉDITEUR,

RUE DE SEINE, N° 31.

1836.

IX.

Le surlendemain de mon indisposition, Galvez vint dîner chez ma mère; il arriva de bonne heure : personne n'était encore dans le salon; ma mère écrivait, et Pepita prenait une leçon. J'étais assise sur le seuil de la porte vitrée qui donnait sur la terrasse; c'é-tait au commencement du printemps. Je me trouvais dans un de ces momens si rares où l'ame et le corps se rencontrent en parfaite harmonie ; où la vie s'épanche avec une douce volupté, par la pensée comme par les sens ; un de ces momens fugitifs, où la santé, l'imagination et la conscience se sont réunies pour nous faire goûter et entrevoir, sur cette terre de douleur, le ciel et ses béatitudes....; momens qu'on ne voudrait jamais voir finir, ou bien après lesquels on voudrait mourir. A de si grandes agitations morales, d'autant plus vives qu'elles avaient été les premières, succédait enfin le calme ; ma conscience était en repos, et je jouissais, dans un délicieux recueillement, de la vue du ciel ; de ce ciel du midi, qui tient lieu du bonheur ; de l'air embaumé que je respirais, de la vie et de moi-même.

Galvez s'approcha de moi, et me donna

un bouquet; c'était mon jour de naissance :
« Voici des jours de fête qu'il n'est guère
» permis de souhaiter qu'à votre âge, » me
dit Galvez gaîment; «mais, avez-vous été
» souffrante, Mercedita? »

— « J'ai été légèrement indisposée avant-
» hier; mais le mal est entièrement dissipé, »
lui répondis-je en souriant d'un air distrait,
et contrariée d'avoir été dérangée!....

— « Et vous paraissez tellement l'avoir
» oublié, que, sans ce petit regard abattu, on
» croirait avec peine que vous ayez souffert...
» Je voudrais que mon pauvre ami fût aussi
» facilement rétabli! »

— «Ah ! à propos, est-il bien vrai qu'il
» ait été malade? » Et en faisant cette question, je sentis que le sang me montait au
visage!

— « Vous en doutez? Vous en avez donc
» toujours mauvaise opinion? »

— « Non, en vérité; mais.......»

— « Eh bien! si vous ajoutez foi à mes
» paroles, permettez-moi de vous en parler
» un peu..... »

Alors il me dit que Cerrano m'aimait,
mais que, sachant qu'on m'avait prévenue
contre lui, il n'osait espérer de me faire
partager ses sentimens, ce qui le rendait fort
malheureux; que, d'un autre côté, il craignait
que ma mère ne lui refusât ma main à cause
de la médiocrité de sa fortune...; puis il re-
doutait de perfides influences.... « Qui sait,
» ajouta-t-il avec légèreté, il craint tout,
» parce qu'il est amoureux, jaloux, et n'a
» pas le sens commun. » Galvez se tut. Je

sentais mes joues brûlantes, et ne disais mot. Une foule de sentimens nouveaux agissaient sur moi simultanément. La délicatesse de Cerrano me touchait; sa tendresse craintive m'inspirait de la reconnaissance et me flattait à la fois; car j'avais beaucoup de peine à croire que j'étais jolie, malgré le soin qu'on se donnait autour de moi pour me le persuader. Et cependant, je sentais un mouvement d'orgueil en songeant que celui qu'on disait si sûr de ses succès ailleurs me préférait à d'autres et craignait de me déplaire. Et puis, Cerrano semblait appréhender un refus motivé par la médiocrité de sa fortune. Mon ame neuve et fière ne voyait en cela que le bonheur de lui tout donner et de ne rien lui devoir.... Que sais-je! entraînée par ces sentimens divers, et par le charme d'une situation nouvelle, je me décidai, à quatorze ans, à épouser le marquis de Cerrano, comme j'aurais choisi une couronne de fleurs pour aller au bal. J'étais une enfant, je ne connaissais pas la vie, et je décidais de mon avenir, tout en effeuillant les roses que Galvez venait de me donner, et avec autant d'insouciance et de légèreté.

Cerrano me demanda en mariage. Ma mère me fit venir et me dit à peu près ces mots : « Mercédès, le marquis de Cerrano » désire t'épouser. Sa naissance et sa posi- » tion dans le monde sont honorables; mais » sa fortune est médiocre, sa conduite lé- » gère, et son caractère, surtout, peu en » rapport avec le tien. Vous ne vous enten- » drez jamais, et tu ne seras pas heureuse » avec lui. Réfléchis bien à tout ce que je » viens de te dire : je te laisse libre de disposer » de ton sort. Si, malgré mes observations, » tu te décides à l'épouser, j'y consentirai. »

Ce langage plein de raison fut méconnu d'une tête vive et excitée par un esprit précoce d'indépendance. J'approuvais bien ma mère, j'étais touchée de sa bonté et de son indulgence; mais je trouvais dans mon cœur réponse à toutes ses objections.

J'avais à peu près oublié les conseils de don Anastasio, et si, parfois, ils s'offraient à ma mémoire, c'était pour provoquer en moi une sorte d'irritation contre lui, et voilà tout. J'étais si véhémente dans mes désirs, que rien ne pouvait m'arrêter lorsque ma volonté dirigeait l'impulsion..... Vois-tu, chère Léonor, ce cheval fougueux, animé à la course, qui s'élance et vole avec rapidité, l'œil en feu, les narines enflées, renversant les obstacles au lieu de les éviter...; qui ne voit plus, n'entend plus, et finit par se briser la tête contre un mur?... Telle voulait s'élancer dans la vie ton amie, poussée par cette nature ardente que n'avait point domptée une première éducation... Mais, heureusement, elle fut secourue, dans un tel péril, par la prudence éclairée d'une bonne mère, et par le contraste que lui offrait sa propre nature dans une raison précoce. Il semble que c'est une condition humaine de payer un tribut de fautes et de larmes pour apprendre à vivre. C'est une tâche que personne ne peut remplir pour nous : elle échappe aux sentimens les plus dévoués, à l'amour maternel comme à l'amitié ; tout est impuissant ; et comme l'enfant n'acquiert une idée juste des objets extérieurs qu'en les touchant, de même ce n'est qu'en allant au devant des erreurs et des blessures que nous parvenons à connaître le mal et parfois à l'éviter.

Je croyais entrevoir dans les préventions de ma mère contre Cerrano l'influence de Quesada, cet homme que j'avais de si puissantes raisons de croire mon ennemi secret. A l'accueil gracieux et souriant qu'il faisait au marquis de Cerrano, il était aisé de deviner qu'il cherchait à lui nuire. Les personnes fausses sont plus faciles à pénétrer que les autres, lorsque, par quelques circonstances imprévues, elles nous livrent une fois le secret de leurs artifices : d'ailleurs, leur regard, qui ne cadre ni ne sympathise avec les sentimens des autres, accompagné parfois d'un sourire en désaccord avec leur propre physionomie, repousse toute confiance en leurs paroles; souvent même, sans cause déterminée, on se sent mal à l'aise avec elles.

Le peu de fortune de Cerrano était une des objections que ma mère m'avait présentées

contre ce mariage. J'ai toujours trouvé humi-
lians les calculs d'argent, là où les affections
sont pour quelque chose; c'est la partie honteuse de la vie. Ils flétrissent tout ce qu'il y a de
généreux et d'élevé dans le cœur de l'homme.
D'ailleurs, j'étais sûre que ma mère pensait
comme moi, car je lui avais entendu dire
souvent : « Le plus précieux avantage que
» m'offre ma fortune, c'est celui de pouvoir
» marier mes filles à leur gré. »

Ainsi, malgré ses sages conseils, je profi-
tai de la liberté qu'elle m'avait laissée, et je
persistai à vouloir épouser le marquis de
Cerrano; et cette volonté, que je prenais dans
l'enfance pour la voix de la destinée, me
poussa au bord du précipice. Mon excel-
lente mère consentit à notre union, mais à
condition qu'elle serait retardée de quelques mois. Pendant ce temps, elle permit

à Cerrano de venir nous voir tous les jours.

Les paroles furent données, et on s'occupa des préparatifs du mariage, comme s'il eût dû avoir lieu le lendemain.

Le marquis de Cerrano, épris et adroit, se servit d'abord de son expérience pour captiver un cœur candide : cela lui était d'autant plus facile, qu'il pouvait cacher ses défauts sous le voile dangereux de l'affection. Mais son caractère ne tarda pas à se montrer malgré lui : son cœur froid ne comprenait jamais rien ; un sentiment délicat était toujours transformé par lui en une idée vulgaire, une expression affectueuse ou passionnée comprise dans un sens plaisant ou matériel. Jaloux et boudeur, il passait souvent une semaine sans m'adresser la parole, et, lorsque l'accès était calmé, je restais dans l'ignorance du motif qui l'avait causé. Les prières et même les larmes étaient impuissantes pour le ramener. Froid comme un roc, gonflé d'amour-propre, blasé sur toute émotion tendre, il semblait calculer l'effet qu'il produisait sur une pauvre créature qu'il affligeait profondément; et, lorsqu'il jugeait l'épreuve suffisante, il se disait souffrant, et cherchait à me calmer indirectement par quelque saillie gaie, ou par quelque marque de tendresse, stérile comme le terrain qui la produisait, mais à laquelle ma sensibilité ajoutait à son insu ce qui y manquait. Ma vie devenait ainsi un vrai supplice, et je commençais à payer cher ma résistance aux conseils de ma mère; mais à qui me plaindre?... Par mon entêtement, ne m'étais-je pas engagée, pour ainsi dire, à répondre de lui?... Je tâchai donc de prendre courage, et d'identifier, si cela se pouvait, mon caractère avec le sien; mais je n'osais pas envisager l'avenir, et je commençais à être bien malheureuse.

La duchesse d'O..... donna un bal; nous devions y aller. Ma mère se trouvait un peu souffrante, mais la duchesse insista tellement pour nous avoir, que ma mère, contre son habitude, se décida à nous envoyer chez elle avec ma tante.

Cerrano arriva la veille à la maison, et me dit d'un air fort contrarié : « N'allez pas à ce » bal; je suis malheureux de vous voir dans » le monde ; évitez-moi une souffrance. »

— « Mais, maman a promis de m'y en- » voyer avec ma tante, et je suis sûre qu'elle » ne voudrait pas désobliger la duchesse » d'O....., qui l'aime tant; elle en a reçu une » lettre encore ce matin, et je crains... »

— « Comme vous voudrez. Allez-y, si cela
» vous amuse; nous nous reverrons de-
» main. »

— « Mais non, je vous assure que main-
» tenant je m'y ennuiérais, à la mort. »

— « J'avais pensé que, votre maman ne
» sortant pas, nous aurions pu passer la
» soirée près d'elle, et j'avais le projet de
» venir de bonne heure..... »

— « Eh bien! tenez, je n'irai pas. »
Et je fis si bien, que ma sœur partit avec
ma tante, et que je restai.

Le marquis de Cerrano arriva un peu
tard, malgré sa promesse. Je m'aperçus, au
premier coup-d'œil, que sa toilette était plus
soignée qu'à l'ordinaire.....Pourquoi? ma-

man et moi, nous étions seules. Inquiète, sans trop savoir pourquoi, je lui en fis l'observation. Cerrano me dit d'un air simple :

— « C'est qu'en sortant d'ici j'irai finir » ma soirée au bal, chez la duchesse d'O... »

A ces paroles, un sentiment douloureux parcourut toutes mes fibres, et me frappa droit au cœur. Je ne dis mot; mais les larmes me vinrent aux yeux..... Ma mère jeta un coup-d'œil rapide sur moi, et voilà tout. Cerrano resta peu de temps, et partit.

Je rentrai chez moi, le cœur prêt à se fendre..... J'ai toujours trouvé du calme et du courage dans les grandes circonstances de la vie. Frappée plus d'une fois par le sort, j'ai su soutenir le choc à l'aide de la raison

et de la résignation; mais j'ai toujours été
sans défense contre les petites blessures por-
tées à mon ame ou à ma délicatesse. Mon
bonheur, comme un verre fragile, est dans
les mains de ceux que j'aime : le plus léger
choc peut le briser en mille éclats.

Cerrano, fort contrarié du retard apporté
à notre mariage, paraissait en vouloir à ma
mère de l'avoir exigé, et, comme il en soupçonnait sans doute le motif, cela le rendait
souvent froid et hostile envers elle. J'en
éprouvais une peine, qui ressemblait à un
remords. Enfin, je ne trouvais que des douleurs partout.

A juger par les apparences, on serait
tenté souvent de douter du principe éter-
nel de morale, qui établit ici-bas la punition
des fautes et la récompense des vertus. Tel

homme dont la prospérité est le résultat de ses mauvaises actions en jouit avec calme, tandis que le malheureux dont la conscience timorée n'a rien à se reprocher souffre, languit, et ne réussit à rien. Je ne sais ce qui se passe dans ces cœurs-là; quant à moi, qui me suis habituée de bonne heure à me rendre compte de mes impressions, je sais que jamais je n'ai commis la plus légère faute sans en avoir subi la punition, soit en moi-même, soit en dehors de moi. Je dirai plus, excepté la perte des objets de mon affection, il est bien rare que je n'aie trouvé, à côté d'un chagrin, un tort plus ou moins direct qui l'ait provoqué, ou dont il ait été la suite. Cette impartialité sévère vis à vis de moi-même a retrempé mon ame dans les plus pénibles circonstances de ma vie. Une conscience pure console; la justice et la vérité donnent la force de souffrir.

Je ne veux pas, ma Lénor, communiquer à ton cœur sympathique tout ce que le
mien eut à souffrir pendant quelques mois.
D'ailleurs, il y a dans l'ame d'une femme
des douleurs que les mots sont insuffisans à
exprimer, des douleurs auxquelles on pourrait appliquer notre proverbe sur la bise du
nord qui traverse souvent Madrid : *No apaga
una luz, y mata un hombre* (1).

Un soir, après dîner, Cerrano prenait une
tasse de café, assis sur un canapé en face de

(1) Il y a un jeu de mots dans ce proverbe, impossible à traduire en français. On dit en espagnol
tuer une lumière, pour éteindre une lumière : ainsi,
nous disons du vent du nord qui nous arrive à Madrid
des montagnes de Guadarrama, vent subtil et presque imperceptible, mais vif et sec : « Il tue un
homme et ne tue pas une lumière. »

moi. Depuis plusieurs jours, il m'avait à peine adressé la parole : pourquoi? je l'ignorais. J'étais fort triste, parce que j'avais appris qu'il devait partir le lendemain pour une partie de plaisir avec d'autres jeunes gens, et peut-être y rester deux jours. Cette partie me contrariait; il le savait, et n'avait pas voulu y renoncer. Néanmoins, je ne voulais pas qu'il me quittât avec cette indifférence qui me blessait cruellement. Nous étions entourés de quelques personnes qui avaient dîné chez ma mère, et je n'osais aller à lui....; mais, comme il ne venait pas à moi, je me décidai à traverser le salon, dans la crainte de le voir partir sans me dire adieu.... A peine me vit-il près de lui, qu'il se leva; en faisant ce mouvement, quelques gouttes de café se répandirent sur ses doigts; et, tout en rangeant les plis de ses manchettes : « C'est agréable ! » dit-il, avec un sourire dédaigneux et ennuyé…, un sourire que le cœur d'une femme ne saurait pardonner…; et il alla s'asseoir à la place que je venais de quitter….

Mes yeux devinrent troubles, mes joues brûlantes, et l'idée de ne point l'épouser se présenta à mon esprit.

Mon existence a toujours été moins dans les évènemens que dans l'influence qu'exercent sur moi les sentimens des autres. Prête à tout sacrifier pour ceux que j'aime, l'affection est pour moi une sorte de culte. Les plaisirs, les convenances particulières, les intérêts, ma propre vie, tout leur est soumis; l'abnégation complète de moi-même, dans ce cas, est autant le besoin de mon cœur qu'un devoir, un point d'honneur, que j'observe avec un scrupule religieux.

Cette nature si dévouée me rend très sensible aux mauvais procédés, à l'ingratitude, et souvent extrême dans ma reconnaissance comme dans mon ressentiment. J'élève un autel dans mon cœur à celui qui me défend, absente, contre un ennemi, tandis que la raison, la bonté, souvent même la religion, sont impuissantes pour me faire oublier une offense; et pourtant, tout en vouant haine éternelle, dans mon cœur, à qui me veut du mal, loin de chercher à lui nuire, si je trouve l'occasion de lui faire du bien, je la saisis vitement et avec ardeur; j'en use avec recherche et raffinement, comme si l'offense m'imposait le devoir du bienfait..... Mais qu'il vienne à être malheureux ou à souffrir, sans que j'y sois pour rien, mon ressentiment est là, immortel comme mon ame.

Comprends-moi si tu le peux, ma chère

Léonor; je t'explique ce que j'éprouve : tu m'as souvent dit que tu aimais en moi même mes défauts; confiante en ton indulgence, je te les dévoile sans crainte, et me trouve bien d'avoir à me les faire pardonner par toi. D'ailleurs, je ne veux pas me parer d'ornemens empruntés, dont il faudrait me dépouiller tôt ou tard; la sincérité est à la fois plus juste et plus adroite. Me voilà bien loin de mon sujet en apparence, et fort près en réalité.

Le marquis de Cerrano blessa mon cœur et mon amour-propre; si le coup n'avait porté que sur celui-ci, je l'aurais senti moins vivement, l'orgueil était là pour le parer ou pour le repousser; mais j'avais été à lui, animée des meilleurs sentimens, j'avais même enfreint cette retenue de jeune fille, en allant le chercher, lui, qui me fuyait : sa conduite, dans cette circonstance, dure et indélicate, lui ferma mon cœur sans retour. Je sentis comme une main de glace qui me repoussait, et l'empreinte froide resta pour toujours.

Je commençai donc à songer aux moyens de rompre ce mariage, mais les difficultés me paraissaient presque insurmontables. Le trousseau, les préparatifs, tout était achevé; le comte de Las Almeïdas était en route avec sa fille pour venir assister à la cérémonie, nous l'attendions d'un jour à l'autre......: comment leur faire un tel affront? Et ma mère angélique, si admirable, si loyale et si prudente à la fois dans cette affaire, comment oser la compromettre en face de toute une famille, après avoir amené l'engagement à la veille de se conclure?.... Et pourtant, je ne pouvais plus envisager cette

union qu'avec un sentiment de désespoir. Le marquis de Cerrano m'était devenu comme étranger : je ne voyais plus en lui, pour l'avenir, qu'un maître implacable, et je me disais en pleurant : « Que la vie doit être lon-
» gue quand on souffre ! »

Quelques jours s'étaient écoulés, lorsqu'un matin ma mère me fit venir chez elle, afin de me consulter sur la couleur d'une voiture dont elle voulait me faire présent.

J'arrivai, le cœur gros de crainte et de regret. Touchée de sa bonté, je pris machinalement dans mes mains l'échantillon qu'elle me présentait, et, tout en le regardant, je baissai la tête autant que je le pouvais, pour lui cacher mes larmes; mais elles tombaient goutte à goutte sur la petite tablette que je tenais..... : ma mère les vit, et me regarda pendant quelques instans sans rien dire.... Je sentais plutôt que je ne voyais ses yeux qui plongeaient sur moi ; mais je restai immobile.... Enfin, elle reprit doucement l'échantillon, en me disant, avec cette voix du cœur qui lui allait si bien : « Ne t'afflige pas, il » en est temps encore.... »

La tendresse, la reconnaissance, le remords me saisirent, et je tombai presque inanimée sur son sein.

Une heure après, ma mère fit dire au marquis de Cerrano de venir lui parler, et notre mariage fut rompu. Si elle s'était tant pressée, c'est qu'elle craignait qu'un mouvement de faiblesse ne me ramenât à lui. Le marquis de Cerrano m'écrivit ; plusieurs fois la mère de la gitanita, et la gitanita elle-même, qui demeuraient non loin du chemin, furent chargées de ses messages. Il tenta de me revoir à l'insu de ma mère; mais tout était fini entre nous, et si j'avais été assez enfant pour revenir à lui, l'image de ma mère était là; et son cœur et son influence, que j'avais méconnus une fois, avaient reconquis tous leurs droits.

X.

Je ne tardai pas à retomber dans cet état de mélancolie et de découragement, qui, se reproduisant sans cesse chez moi, finissait souvent par altérer ma santé. Cette fois-ci, il prit un caractère plus grave et plus déterminé. Les deux épreuves que je venais de subir avaient ébranlé cette douce sécurité

qui avait répandu, jusqu'alors, tant de char-
mes sur ma vie. A la confiance tranquille
et sans arrière-pensée que j'avais eue dans la
sincérité des autres, avaient succédé des dispositions à la crainte et au soupçon. Lorsqu'on
me parlait, je cherchais d'un regard inquiet,
non pas à comprendre les mots, mais à pénétrer la pensée. Comme cette méfiance n'était
pas dans ma nature, elle me rendait fort
malheureuse. J'avais beau faire, ma sécurité
première était détruite sans retour. Alors, je
cherchais à m'isoler, et, loin de trouver autour de moi les riantes images qui assiègent
en foule la tête d'une jeune fille, je redoutais
l'avenir. Dans ces momens de tristesse, j'é-
prouvais un mécontentement secret des autres et de moi-même; il me semblait que je
n'étais aimée de personne, et que je ne le se-
rais jamais. Je sentais qu'il me manquait
justement ce qui plaît, ce qui attire, et je me

le reprochais. Et cependant, au dedans de moi-même, je trouvais une force d'affection que le monde ne comprend guère, habitué qu'il est à ne rien voir au delà de la superficie. Un penchant inné à l'observation me découvrait d'ailleurs en toute chose le positif de la vie, avec ses imperfections et ses misères. Cette triste disposition de ma nature luttait sans cesse avec une sensibilité chatouilleuse et passionnée, avec une ame aimante et dévouée. Ainsi heurtée, je me décourageais de la vie avant de l'avoir goûtée, pour ainsi dire, et je pleurais des heures entières en cachette.

Ces chocs continuels irritaient mes nerfs et usaient mes forces. Et pourtant je trouvais un certain charme à vivre d'émotions; je les cherchais, je les excitais, et, me repliant sur moi-même, je vivais de ma propre vie, n'apercevant rien autour de moi, qui fût digne de la remplir.

Ces accès de mélancolie se sont fréquemment reproduits chez moi à toute époque, et les mécomptes n'ont fait que les rendre plus profonds. Mais, à mesure que les années se sont succédé, la raison et la force de caractère m'ont aidée à lutter contre une disposition qui pouvait devenir si dangereuse. Guidée par cet instinct secret qui nous porte à repousser une douleur aiguë, je l'ai combattue, pied à pied, avec courage. De là, ce besoin de mouvement et d'occupation ; de là, cette vivacité exaltée dans la conversation, mêlée néanmoins de distractions fréquentes ; de là, enfin, cette gaîté animée et quelquefois délirante..., mais toujours précédée et suivie d'une teinte de préoccupation ou de tristesse. Comme tu l'as si bien observé, mon amie, ma joie a le caractère d'un feu d'artifice ; elle jaillit, brille, et s'éteint dans l'obscurité.

Un jour mon oncle nous dit, en revenant d'Aranjuez :

« Enfin, il semble que nous allons pren-
» dre une attitude convenable ; et, si nous
» sommes vaincus, au moins nous ne serons
» plus mystifiés. Le prince de la Paix m'a-
» vait proposé la place de gouverneur du
» jeune roi d'Étrurie ; je l'en avais remer-
» cié, en m'excusant sur mon peu de goût
» pour la vie de cour. *Eh bien*, m'a-t-il dit
» *tout à l'heure, puisque vous êtes toujours*
» *épris de la profession militaire, tenez-*
» *vous prêt à aller prendre le commande-*
» *ment de l'armée qui va se réunir sur les*
» *frontières de la Galice ; car il nous fau-*

» dra combattre les Français, dont les
» mauvaises intentions ne sont plus dou-
» teuses. » — « Je le crois aussi, lui répli-
» quai-je; mais vous vous en êtes aperçu un
» peu tard. »

Le lendemain, le général Samper, chef
de l'état-major général, vint voir mon oncle.

« Qu'avez-vous dit au prince de la Paix
» hier? Je l'ai trouvé piqué contre vous.

— » J'ai dit ce que vous auriez dû lui dire
depuis bien long-temps.

— » Mais enfin, les ordres sont donnés
» maintenant pour que les troupes qui sont
» en Portugal reviennent à marches forcées;
» nous tâcherons d'arrêter les Français au
» passage de Somosierra ou de Guadar-
» rama, si nous le pouvons.

— » Vous ne le pourrez pas.

— » Cependant, les régimens français qui » ont passé la frontière se composent en » grande partie de conscrits.

— » Cela ne fait rien : les officiers et » les sergens sont de vieux soldats ; les cons- » crits, s'ils sont bien commandés, feront » leur devoir. Il ne faut pas songer à se dé- » fendre sur la chaîne de Guadarrama ni » sur celle de Somosierra ; c'est dans la Galice, » c'est en Andalousie que nos troupes de- » vront se réunir : nous aurons ainsi le temps » de compléter nos régimens et de les exer- » cer. Nous opposerons alors une vive résis- » tance à l'armée française, ce qui serait im- » possible maintenant. En attendant, dites » au prince de la Paix que je suis prêt à partir » pour la Galice, ce soir même, s'il le veut. »

Il était trop tard, en effet. L'armée française était déjà à Burgos. Cependant, malgré les obstacles qui se présentaient pour rassembler les restes de notre armée disséminée, nous n'aurions pas tardé à nous mettre en mesure et à organiser de nombreux moyens de défense, si la cour de Madrid, après avoir fait un appel à la nation, se fût retirée sur la Sierra Morena. L'Espagne, noble et généreuse, aurait répondu à cet appel. Napoléon avait froissé tous ses sentimens, choqué ses croyances, et foulé aux pieds sa dignité. Il n'y avait pas un cœur espagnol qui ne sentît cela; une sympathie générale les unissait tous, et le trouble et l'indignation étaient peints sur tous les visages.

Mais la cour, au lieu de prendre un parti définitif, s'en tenait à des demi-mesures, ne se décidait à rien, et s'appuyait même, en apparence, sur la main qui la blessait; aussi, le 13 mars, lorsque le capitaine-général de la Vieille-Castille vint avertir que l'armée française était presque aux portes de Madrid, on lui répondit : « Sa Majesté n'a donné au-» cun motif à cette agression, et veut en at-» tendre tranquillement le résultat. »

Certes, c'était un stoïcisme de nouvelle trempe.

Le soir du 13 mars, mon oncle se sentit indisposé en rentrant de la promenade, et, le lendemain, le médecin déclara qu'il était attaqué d'une fluxion de poitrine et que sa vie était en danger; le quatrième jour, la maladie avait atteint son dernier période. Nous étions livrées aux plus vives alarmes, lorsqu'on fit prévenir ma mère qu'un de ses amis, don Antonio Mosti, capitaine aux

gardes espagnoles, arrivait à l'instant d'A-
ranjuez et l'attendait chez elle. Ma mère
descendit.

Mosti accourait nous avertir que l'ordre de
départ de la famille royale pour l'Andalousie
venait d'être donné ; que, d'après l'opinion
générale, elle allait s'embarquer pour passer
en Amérique. Les préparatifs qu'on faisait,
le silence que gardait le gouvernement, alors
que le danger public était si pressant, rendaient cette supposition vraisemblable. L'inquiétude, l'agitation et le mécontentement
se manifestaient de toute part. Une partie
de la garnison de Madrid avait reçu l'ordre
de se rendre à Aranjuez, afin de protéger
le départ du roi. L'armée française était
déjà aux portes de la capitale, et le gouverneur du conseil de Castille avait seulement
mission d'adresser une proclamation aux

habitans de Madrid pour les rassurer sur le départ des troupes ; précaution dont le but était de prévenir les malheurs auxquels serait exposée une ville sans défense, etc., etc. La proclamation finissait par cette phrase : « Du reste, l'alliance entre le roi et l'em- » pereur des Français est toujours inaltéra- » ble..... »

Et l'armée française s'approchait déjà de la capitale avec toute l'arrogance d'un maître qui vient dicter des lois !

Il faut avouer que, si la politique astucieuse de l'empereur Napoléon vis à vis de l'Espagne souilla sa gloire d'une tache ineffaçable, le stupide engourdissement de notre gouvernement fut sans exemple dans l'histoire des nations.

Le fait est que la cour de Madrid, peu aguerrie aux ruses diplomatiques, avait été jusqu'alors dans l'erreur, et osait à peine soupçonner la franchise de Napoléon. M. Izquierdo, agent secret du prince de la Paix près de l'empereur, avait été complètement dupe. Mais lorsque Napoléon sentit l'Espagne sous sa main, quand il eut jugé que le moment de frapper était venu, il se dévoila par quelques mots brefs et clairs, qui saisirent de frayeur M. Izquierdo, et le déterminèrent à partir rapidement pour Aranjuez. Il arriva dans les premiers jours du mois de mars, et repartit, le 10 du même mois, pour Paris. Les nouvelles qu'il avait apportées répandirent la terreur dans l'intérieur du palais; on délibéra à la hâte, et le résultat de la discussion fut le départ du roi, l'abandon de sa couronne, de son peuple et de son honneur.

Vers le soir du 18 mars, la nouvelle de la révolution d'Aranjuez circula dans Madrid. Dès que le peuple avait appris la résolution adoptée par la cour, il s'était porté vers le palais, pour supplier le roi de ne pas l'abandonner, en criant : *Vive le roi! mort à Godoy!* Ce mouvement s'était fait d'abord avec ordre et respect ; mais ensuite la foule s'était précipitée avec frénésie sur la maison du prince de la Paix, avait tout brisé, tout détruit, en proférant contre lui des cris de vengeance et de mort.

Il avait fallu des nouvelles aussi importantes, pour distraire un moment notre attention du soin si cher qui l'absorbait depuis quelques jours; mais bientôt nous ne fûmes plus occupées qu'à chercher les moyens de cacher à mon oncle l'agitation générale.

Depuis le premier jour de sa maladie, ma tante et ma mère le veillaient alternativement. La fièvre et le danger continuaient. Vers onze heures du soir, ma mère obtint de madame O'Farrill qu'elle allât se reposer, et la remplaça près du malade.

L'imagination frappée par les nouvelles alarmantes du jour, et plus encore par le pressentiment des évènemens que l'avenir nous préparait, je ne pouvais pas dormir, et je me mis au balcon.

Malgré l'heure avancée, les rues étaient peuplées de monde : on voyait partout des groupes d'hommes enveloppés dans leurs manteaux, *la montera* (1) sur l'oreille, qui parlaient à voix basse. Les réverbères étaient éteints, la nuit froide et sombre. Parfois,

____

(1) Espèce de bonnet pointu de drap ou de velours.

on apercevait aux fenêtres quelque vieille femme, une chandelle à la main, sortant de son lit, pâle, les cheveux en désordre, le fichu dérangé, avançant un visage effrayé hors du balcon, puis se retirant aussitôt. Je crus voir une grande solennité funèbre, avec accompagnement de sorcières. La peur me saisit, et je rentrai précipitamment.

Ma sœur dormait. Je traversai doucement sa chambre, et je montai rejoindre ma mère.

Je ne pouvais pas rester seule. Agitée de l'agitation des autres, émue par la nouveauté des évènemens, je sentais, pour ainsi dire, un trop-plein d'émotions auquel je ne suffisais point : j'éprouvais le besoin de me rapprocher de ceux que j'aimais.

Quelques momens après mon arrivée dans

la chambre de mon oncle, nous entendîmes
un bourdonnement sourd, et puis des cris
affreux. Nous barricadâmes les portes et les
fenêtres le mieux possible, pour empêcher
le bruit de pénétrer jusqu'aux oreilles du
malade. Ma mère resta près de lui, et
m'engagea à aller de l'autre côté de la maison, pour savoir ce qui se passait dans
la rue.

Je fus partagée un instant entre la peur
et la curiosité; mais celle-ci prit bientôt le
dessus, et je courus à une fenêtre.... Je ne
l'ouvris qu'à moitié, et de là je fus témoin
d'un affreux spectacle.

Une troupe de forcenés, des torches à
la main, se dirigeait vers la maison du
général Branciforte, qui demeurait pres-
ue en face de nous. Leurs visages pâles et

colères, éclairés par la flamme résineuse des torches, ressortaient au milieu de l'obscurité, comme les figures du cinquième cercle de l'Enfer du Dante.... Des femmes se mêlaient, par groupes, à cette horrible bande....... Mais quelles femmes, grand Dieu!.... Des figures basanées, aux traits durs, des yeux hors de leurs orbites, des sourcils épais, et de longues mèches de cheveux noirs, rampant sur leurs cous et sur leurs épaules, comme autant de serpens.... C'était hideux à voir; et tout cela criait et hurlait en brandissant les torches... Le fond du théâtre où se jouait cet horrible drame était sombre et silencieux..., et l'immortelle destinée abandonnait les hommes à leur fureur, pour leur imposer ensuite de sa main de fer son juste anathème.

Arrivés à la maison du général Branciforte, ils enfoncèrent les portes, cassèrent toutes les glaces, jetèrent les meubles par la fenêtre et y mirent le feu, au milieu de la rue. Heureusement qu'il ne se trouvait plus personne dans la maison. Le général Branciforte était beau-frère du prince de la Paix; c'était son seul crime, aux yeux du peuple, d'autant plus aveugle dans sa vengeance, qu'il avait concentré plus long-temps sa haine. Pareille scène eut lieu pendant la nuit chez tous les parens du prince de la Paix.

Une circonstance remarquable et qui prouve combien mon oncle était aimé et respecté, c'est qu'au moment où ce cortége infernal passait devant ses fenêtres, une voix sortit de la troupe, et dit :

— « Le général O'Farrill est très malade, » voici sa maison ; camarades, silence!.... »

Aussitôt les vociférations cessèrent, et ne recommencèrent que quand ils eurent dépassé la maison.

Le lendemain, l'agitation continua; on n'avait pas encore trouvé le prince de la Paix, et le peuple, attaché à sa proie, la poursuivait sans relâche.

Je ne connaissais pas le prince de la Paix, néanmoins je tremblais de crainte, en pensant qu'il pouvait tomber, d'un instant à l'autre, dans les mains d'un peuple haineux et irrité. J'avais beaucoup entendu parler de lui, mais le blâme ou l'éloge était toujours peut-être resté à côté de la vérité. La nation lui en voulait; mais quel est l'homme si haut placé qui n'ait ses amis et ses affidés, qui n'ait attaché quelques familles à sa fortune, à sa personne, par des bienfaits? On s'étonnera peut-être d'entendre dire que Godoy eut des amis, parce que, depuis sa chute, il n'a trouvé que des détracteurs; mais il a cela de commun avec toutes les grandes infortunes. Quels que fussent ses torts, dont je n'étais pas bien en état d'apprécier la portée alors, je me rappelle qu'il m'inspirait une profonde pitié dans ce moment, par cela seul que j'étais entraînée par instinct à faire cause commune avec le faible; et je trouvais que, dans les excès qu'on allait commettre sur sa personne, il n'y avait rien à gagner pour l'honneur des assaillans. Son malheur et son humiliation me semblaient suffisans pour expier ses torts..... Si quelqu'un blâme ma pitié, qu'il songe que j'étais jeune, et que je suis femme.

Le pouvoir de Godoy fut monstrueux; il

dut en abuser. Il commit de graves erreurs, qui compromirent le sort de la nation. Mais s'il n'avait ni l'instruction ni les hautes qualités qui pouvaient, en quelque sorte, servir d'excuse à son élévation, il n'était non plus ni méchant, ni cruel; il ne faisait jamais le mal pour le mal, rendait service volontiers, et fut toujours modéré dans sa vengeance envers ses ennemis personnels. Ses fautes ont été funestes à l'Espagne, et le mal qu'il a fait l'emporte de beaucoup sur le bien; mais rendons au malheur au moins ce qui lui est dû : impartialité et justice. C'est une dette d'autant plus sacrée, que le pauvre créancier est hors d'état de sommer son débiteur.

Le peuple, n'ayant pas trouvé le prince de la Paix chez lui, laissa une garde à sa porte. Le malheureux favori, roulé dans une natte de jonc, resta caché pendant trente-six heures dans un grenier. Que ses réflexions durent être amères alors! Là, sous le même toit où, la veille encore, au milieu d'une cour, l'opulence, la grandeur et le pouvoir contentaient à peine son ambition, il ne lui restait maintenant pour asile qu'une enveloppe de paille et pour compagnes que la faim, la soif, et peut-être la mort.

Près de succomber, il essaya de sortir pour demander du secours. Le premier individu qui se présenta à lui fut un soldat de la garde wallonne. Pâle, méconnaissable, et presque mourant, il lui demanda un peu d'eau, en le conjurant de ne pas le dénoncer. Cet homme le reconnut, l'arrêta, et appela la garde.

La nouvelle de cette arrestation ne tarda pas à arriver aux oreilles de la reine. Épouvantée, hors d'elle-même, elle fit venir son fils et le supplia, les larmes aux yeux, de sauver Godoy. Le prince se rendit aussitôt au lieu du tumulte, sous les arcades des grandes écuries, où se trouvait déjà une partie de la garde du roi qui le défendait avec peine de la fureur du peuple.

Ferdinand pénétra jusqu'à Godoy ; celui-ci couvert de blessures, et presque expirant sous les pieds des chevaux....

Dans ce moment, un garde-du-corps sortit du palais avec un décret à la main, en criant *vive le roi*; et, s'approchant du prince des Asturies, lui fit part du bruit qui circulait au palais, de l'abdication de son père.

Ferdinand, se tournant aussitôt vers le prisonnier, lui dit : « Tu l'entends ; je suis » ton roi. »

Godoy, presque évanoui, leva ses yeux mourans...., et lui répondit :

— « Et vos parens, comment se portent-
» ils ? »

Si Godoy, dans d'autres momens, fit douter de sa présence d'esprit, cette réponse au moins fait honneur à son cœur.

Ferdinand le délivra de la mort par sa présence et calma les assaillans, en leur promettant de le faire mettre en jugement.

XI.

L'abdication de Charles IV a été présentée
sous des faces différentes , au gré des intérêts
qui l'ont jugée. Ainsi , l'empereur Napoléon
a prétendu, pour détrôner le jeune roi, qu'elle
avait eu pour cause le tumulte populaire ;
tandis que les partisans de Ferdinand , pour
légitimer son avènement au trône, la disaient
libre , et décidée , depuis long-temps , dans

l'esprit du roi. Ce qu'il y a de vrai, c'est que l'abdication de Charles IV fut l'effet d'une de ces causes légères et minimes qui renversent souvent les États.

Le 18 mars, après les premiers troubles d'Aranjuez, comme le peuple criait *mort à Godoy*, le roi, d'après le conseil d'un de ses ministres, Don Josef Caballero, fit publier un décret par lequel il ôtait le commandement des armées de terre et de mer au prince de la Paix, et l'exilait, en lui laissant le choix du lieu de sa résidence. Ensuite Charles IV s'enferma dans son cabinet avec M. Caballero et lui confia la résolution qu'il avait prise de partir, dans la nuit, pour l'Andalousie.

Cette nouvelle remplit de terreur le ministre... Le prince de la Paix avait disparu; on le croyait en fuite. La faiblesse du roi pour son favori, les regrets qu'il exprimait de la sévérité dont il avait été obligé d'user envers lui, l'espoir qu'il témoignait de le retrouver....., tout faisait craindre à Don Josef Caballero une réunion qui, sans aucun doute, aurait été suivie de sa propre perte.... Son parti fut bientôt pris. Il grossit aux yeux du roi l'alarme publique, lui fit voir l'impossibilité de partir, les troubles à venir, et s'empara si bien de son esprit, qu'il le fit consentir à son abdication.

Cette résolution ne fut connue de la reine que quelques heures après, et lui causa le plus vif chagrin. Madame de Flores Varela, dame du palais, entra chez elle vers huit heures du soir, et la trouva sur un canapé, la toilette et les cheveux en désordre : « Flores » Varela, sais-tu que Caballero nous a as-

» sassinés ? Il a fait abdiquer le roi.... Oh !
» si j'avais été là !.... Plutôt céder la vie que
» la couronne !.... Mais le roi !.... le roi est
» si faible !.... Oh ! si j'avais été là !.... » Et
elle se tordait les mains en versant des larmes
amères....

Il paraît évident que le prince des Asturies n'eut connaissance de l'abdication de son
père qu'après l'évènement. Néanmoins, un
des premiers décrets qu'il signa conférait
la toison d'or à M. Caballero ; car il savait
qu'il lui devait la couronne.

Le soir, la cour étant réunie, Charles IV,
s'adressant au Nonce du pape, monseigneur
Gravina, et à l'ambassadeur de Russie :
« Savez-vous, messieurs, leur dit-il, que je
» n'ai jamais rien fait de meilleur cœur ? »

Comme il était, depuis long-temps, dans l'impossibilité d'écrire, à cause de ses douleurs rhumatismales, il reprit : « Enfin, » ma joie est telle, qu'elle m'a fait recou- » vrer des forces pour signer mon abdication » de ma propre main. »

Presque aussitôt après son avènement au trône, Ferdinand nomma le général O'Farril, encore convalescent, directeur général de l'artillerie, et, peu de jours après, ministre de la guerre.

Le prince Murat entra à Madrid, le 23, à la tête de l'armée française; mais ses instructions ne se trouvaient plus en harmonie avec les évènemens survenus quatre jours auparavant. D'après les calculs de l'empereur Napoléon, la famille royale devait être en fuite et peut-être embarquée pour l'Amérique.

Le grand-duc de Berg, en arrivant à la capitale, n'avait plus qu'à recueillir, en son
nom, le fruit de sa politique et à profiter
des fautes de notre cour. La nation, irritée
et fatiguée d'un gouvernement imprévoyant
et stupide qui, après avoir compromis son
existence, se sauvait et la livrait, pour ainsi
dire, lâchement aux mains des étrangers,
devait recevoir à bras ouverts l'armée française, et se livrer à la discrétion de l'homme
qui, seul, pouvait la régénérer ; trop heureuse de ramasser quelques miettes au grand
banquet de la civilisation, où la France
tenait une des premières places depuis si
long-temps.

Mais, au lieu de cela, ce même peuple,
par un acte énergique, venait de provoquer
l'abdication de Charles IV. Son fils, jeune,
aimé des Espagnols, de cet amour tou-

chant et exalté qu'inspire le malheur, montait sur le trône, beau d'espérance et d'avenir. La nation, orgueilleuse autant qu'ignorante, loin de mendier la férule de ses voisins pour apprendre à vivre, se sentait humiliée à l'idée de se voir imposer même le bonheur comme un joug; et Murat, escorté du mot *régénération*, fut reçu à Madrid avec méfiance et haine.

L'empereur Napoléon avait complètement méconnu le caractère espagnol, et, je le pense, son aveuglement fut en quelque sorte volontaire. Habitué à réussir en tout et absorbé par l'idée fixe de s'emparer de l'Espagne, il voulut aplanir les obstacles par le seul fait de sa volonté. Il rejeta loin de lui, sans examen, tout ce qui pouvait l'arrêter; il ne voulut point voir le caractère national tel qu'il était, parce qu'il aurait dérangé ses vues, et pensa qu'en faisant peu de cas des hommes on réussissait toujours à les asservir. Mais jusqu'alors il n'avait eu affaire qu'à des nations policées qui, pour la plupart, en se communiquant leurs lumières, se sont aussi communiqué leurs vices, et ont effacé, pour ainsi dire, leur caractère national par le frottement. Loin de là, l'Espagne, où la liberté de la presse était inconnue, où les livres et les feuilles périodiques étrangères étaient interdits, où rarement le voyageur se hasardait à pénétrer, l'Espagne manquait, à la vérité, de la plupart des bienfaits de la civilisation ; mais elle se conservait, pour ainsi dire, vierge dans sa nature comme dans son ignorance. Ses mœurs et ses hautes qualités nationales se trouvaient encore pures et dans toute leur énergie, comme ces fruits tant soit peu acerbes avant d'avoir atteint leur maturité, mais dont le suc promet à celui qui saura le cueillir à temps saveur et parfum. Sobre, patient, désintéressé, méprisant le luxe, dont il ne sait que faire, l'Espagnol était difficile à séduire. Sévère et peu prodigue de phrases, il s'attache au fond des choses, et fait peu de cas des apparences. Les beaux discours et les mots à effet font peu d'impression sur lui; ses défauts même portent l'empreinte des sentimens forts et élevés dont ils sont la source. Le premier gueux tient à l'honneur de son nom, comme s'il figurait au sommet du plus bel arbre généalogique. Shakespeare a dit quelque part : *J'aime l'orgueil espagnol, même lorsque le vase déborde.* Et il avait raison; car cet orgueil sans vanité est souvent la source de grandes vertus.

Je juge ici le caractère espagnol, tel qu'il était avant la première invasion des Français. Depuis cette époque, l'impression produite par le contact des étrangers a pu y porter une altération plus ou moins sensible, particulièrement dans une certaine classe. Leur présence, dans des momens de trouble, leur séjour en Espagne, de trop courte durée pour pouvoir rien fonder ni consolider, les maux et la démoralisation qu'entraîne après soi l'état de guerre, les idées et les principes semés, çà et là, par ces étrangers sur un terrain inculte et sans préparation, n'ont produit que de faux germes. Ils ont enfin versé à pleines mains sur l'Espagne une grande partie des inconvéniens de la civilisation, sans avoir pu y implanter ses bienfaits. Mais la masse du peuple est toujours la même : ses mœurs et ses qualités se conservent fidèlement. Jamais nation n'a réuni de plus beaux élémens de bonheur, ni autant d'avantages pour devenir grande et forte. La nature du sol, l'indépendance de sa position, le caractère, les vertus nationales, tout devait la porter hors de la triste sphère où elle languit. Mais elle est depuis long-temps la preuve évidente de la puissante et funeste influence qu'exercent sur les peuples les mauvais gouvernemens (1).

(1) Depuis six mois que ces réflexions ont été écrites, les évènemens ont marché vite. Les nuages s'amoncellent de nouveau, la terre tremble, la tempête approche.... L'avenir de l'Espagne est encore incertain, menaçant. Au milieu de ce chaos de crainte et d'espérance, quels sont les élémens les plus redoutables pour la liberté? — Les amis imprudens de la liberté elle-même, les faux-frères qui, voyant les portes du temple s'entr'ouvrir d'elles-mêmes, montent à l'escalade, cassent les vitres et se précipitent dans le sanctuaire, sans doute pour le dé-

Le roi, appelé au trône avec un de ces rares enthousiasmes de bon aloi, fit son entrée dans la capitale, accompagné seulement de sa garde, et se livra ainsi à l'armée française, qui occupait Madrid et ses environs.

Le jeune monarque, privé de tout ce qui fait la force et l'indépendance des nations, et d'après le conseil de ses ministres, sentit la nécessité de s'appuyer sur la main toute-puissante de l'empereur Napoléon, qui n'avait aucun grief personnel contre lui; il prit la résolution de conquérir son amitié à force de confiance et de loyauté.

Mon oncle O'Farrill l'engagea à demander à leur profit en y pénétrant les premiers... Dieu tout-puissant, ne permets pas une telle profanation! sauve la patrie!

der à son père une lettre pour l'empereur, qui, tout en le priant de renouveler avec son fils les liens fraternels qui unissaient les deux nations, parut une preuve de la sincérité de son abdication. Le général O'Farrill, en lui donnant ce conseil, semblait prévoir le parti que l'empereur chercherait à tirer de l'acte que Charles IV venait de faire à la suite d'un mouvement populaire.

Effectivement, le grand-duc de Berg et l'ambassadeur de France ne voulurent point reconnaître le nouveau roi avant d'avoir reçu des nouvelles de l'empereur.

En attendant, le général en chef envoya une garde d'honneur à l'Escurial, où le roi Charles et sa femme s'étaient retirés; il ne voulut traiter qu'avec lui, manifesta le plus grand intérêt pour le prince de la Paix, et suggéra à la reine ce que tout son attachement pour son favori n'aurait pas osé lui faire concevoir : la possibilité de faire rendre la liberté au prisonnier.

Le général Savary arriva à Madrid pour complimenter le jeune roi de la part de l'empereur (1); mais il ne lui apporta point de lettre de ce dernier. Après l'audience, il assura le roi, en particulier, que Napoléon était en route pour Madrid et l'engagea vivement à aller à sa rencontre, en s'offrant de l'accompagner. Le roi, animé du désir de plaire à Napoléon, y consentit; et, de ce moment, chose bizarre, il se trouva au milieu de son royaume, entouré de son peuple qui l'adorait, il se trouva, dis-je, prisonnier de l'empereur sous la garde de son agent.

(1) Voir la note à la fin de l'ouvrage.

Comme l'absence du roi devait être de très courte durée, il proposa au général O'Farrill de se mettre à la tête du ministère et de s'entendre avec le prince Murat pour les affaires de service; mais le général le remercia en lui faisant observer que, dans des circonstances aussi difficiles, il serait plus convenable de placer à la tête du gouvernement un prince de sa famille; ce qui ne l'empêcherait pas, lui, de payer de sa personne, comme le bien public l'exigerait.

Le 9 au soir, nous étions fort tristes. Le roi devait partir le lendemain, et, sans prévoir précisément les suites de cette démarche, la méfiance qui commençait à s'introduire dans les cœurs, la direction des évènemens survenus en peu de jours imprimait une sorte d'inquiétude secrète dans l'esprit de chacun. On aurait pu se croire sous l'influence du fluide électrique un instant avant l'orage.

Mon oncle fut mandé au palais. A son retour, nous apprîmes qu'un incident imprévu avait failli faire changer de résolution au roi et l'empêcher de partir : c'était la demande que venait de faire le général Savary, de la personne du prince de la Paix, au nom de l'empereur. Ferdinand l'avait refusée, se réservant d'en conférer lui-même avec l'empereur, lorsqu'ils seraient réunis. Le roi partit, ne laissant à la junte que des instructions fort laconiques, et qui se réduisaient, en grande partie, à tout sacrifier à la bonne harmonie entre le gouvernement et le chef de l'armée française.

C'est alors que le patriotisme et la vertu du général O'Farrill parurent au grand jour. Le courage personnel est une noble chose; mais corps à corps la lutte est égale : la conscience de la propre force, l'instinct de la conservation, soutiennent, enivrent et rendent la défense obligée et pour ainsi dire inévitable. De plus, la voix de l'honneur parle si fort à l'oreille de l'homme, les devoirs qu'il impose sont si élevés, son châtiment si cruel, que, devant lui, l'amour de la vie s'amoindrit, se réduit à rien…. Et l'homme sera toujours hautement placé, lorsqu'il saura préférer une croyance à son bonheur ou à sa vie; mais lorsqu'en face d'une force morale il n'a d'autre rempart que la fermeté d'ame, lorsqu'aux agressions d'un pouvoir il n'oppose que sa poitrine sans défense et son amour ardent pour sa patrie, lorsqu'enfin il voit fondre sur lui et autour de lui un orage de passions turbulentes et qu'il l'attend ferme, immuable comme la vérité, calme comme la justice...., alors l'homme se détache de sa propre enveloppe et se rapproche de la divinité.

Tel était le général O'Farrill, dans cette époque de malheur : sa conduite de tous les instans fut admirable et ne sera jamais oubliée de ceux qui furent à même de la suivre de près.

A peine Ferdinand avait quitté Madrid, que le prince Murat prit une attitude hostile et arrogante. Vingt-quatre heures après, et non-obstant le refus du roi, il demanda à la junte de lui remettre, sans délai, le prince de la Paix. La junte ne voulut pas y consentir, et tint bon pendant quelque temps contre les menaces que lui attira ce refus; mais le roi promit à l'empereur, et il fallut céder.

Le marquis de Castelas, gouverneur du

château de Villaviciosa, et commandant les troupes qui gardaient Godoy, demanda et obtint de l'Infant don Antonio que les gardes-du-corps ne seraient pas obligés de remettre le prisonnier aux troupes françaises ; cette charge fut confiée aux milices provinciales. Depuis ce moment, l'animosité contre les Français devint générale. Le prince Murat, dont les manières et la tenue théâtrale avaient choqué d'abord la gravité espagnole, s'attira l'inimitié de la nation en s'immisçant dans des affaires qu'elle regardait comme les siennes, et en lui arrachant avec hauteur le droit de juger son prisonnier. Aussitôt après la délivrance du prince de la Paix, le grand-duc de Berg fit demander le général O'Farrill ; il se plaignit à lui de la haine que les habitans de Madrid témoignaient aux Français, et il ajouta : « D'ailleurs, » général, cet état de choses ne doit pas

» durer, et je vous déclare que l'empereur
» ne reconnaît d'autre souverain, en Es-
» pagne, que Charles IV. J'ai ici la procla-
» mation qui doit être affichée demain dans
» les rues de Madrid. »

— « C'est bien, Prince, vous pouvez la
» publier; mais *elle ne sera obéie ni du gou-*
» *verneur ni de la nation.* »

— « Je saurai faire marcher l'un et l'au-
» tre. »

— « Cela se peut, mais par la force. La
» nation a reconnu Ferdinand pour son roi,
» d'après les lois du royaume; elle ne saurait
» devenir parjure. »

— « Nous en viendrons au canon et aux
» baïonnettes, si elle ne veut pas obéir. »

— « V. A. peut recourir immédiatement

» à ces moyens; la proclamation ou le canon
» aura le même résultat. »

C'est ainsi qu'on devait nous mener par la
suite. Mais les détails si curieux de cette affaire n'entrent pas dans le cadre de ces souvenirs.

Ainsi, le roi n'était pas encore arrivé à
Vittoria, que déjà le prince Murat avait
foulé aux pieds son autorité et le détrônait.
Cette politique, à pas de charge, dévoila
un peu trop tôt, à Madrid, le plan de l'empereur et la réception qu'il préparait à Ferdinand; mais il n'était plus temps d'arrêter
sa marche. La police française interceptait
la correspondance, et il était trop tard
pour le prévenir. Toutefois, la junte obtint
du chef de l'armée française : 1° qu'il arrê-
terait les mesures violentes; 2° que le roi

Charles communiquerait au gouvernement une déclaration directe de son intention de reprendre la couronne. Cette déclaration, faite, serait envoyée au roi Ferdinand, et la junte continuerait à gouverner en son nom. Pour éviter l'agitation publique, on convint de garder le secret sur cette affaire, jusqu'à l'arrivée de la réponse du roi.

Au milieu de ces débats, le prince Murat donna un grand dîner auquel les membres de la junte furent invités. Au moment du dessert, le grand-duc de Berg se leva, et, selon l'habitude, porta un toast à la santé de l'empereur ; les autorités et les officiers français, qui se trouvaient à table, suivirent son exemple. Alors, don Miguel de Aranza se leva à son tour : — « A la santé du roi Ferdinand VII, mon maître !... » dit-il. Le prince Murat garda le silence et reprit sa place, ainsi que le reste des convives et le citoyen courageux qui venait de parler.

L'inquiétude générale augmentait. L'armée française se lassait du rôle politique qu'on lui avait imposé et commençait, par quelques actes de violence, à irriter les esprits déjà animés par la méfiance en ses intentions. Des querelles et des meurtres de part et d'autre survinrent, pour irriter de plus en plus les esprits. Le prince Murat, aigri par les difficultés de sa position, devenait plus sévère et plus exigeant chaque jour; il éprouvait, en face des Espagnols, cette gêne qu'inspire, d'ordinaire, le visage de l'homme qu'on a offensé ou du créancier qu'on ne peut pas payer, et cherchait à justifier son agression, en exagérant les griefs qu'il leur imputait, et qui étaient en partie le résultat de l'abus de la force armée. Ainsi, par exemple, lorsque le peuple de Madrid, inquiet et désireux d'apprendre des nouvelles de son roi, se portait vers les places publiques, où qu'il se formait quelques groupes aux portes du palais pour demander si un courrier était arrivé, on qualifiait ces réunions de rassemblemens séditieux ou de tumulte populaire. On sévissait contre eux, et on les irritait davantage.

D'ailleurs les Espagnols, qui, jusqu'alors, avaient eu une haute idée des soldats français, la perdirent, à la vue de ces milliers de conscrits, faibles enfans de dix-sept ans, sachant à peine les évolutions militaires, que Napoléon, dans son esprit d'erreur, avait poussés en Espagne, croyant qu'ils suffiraient pour en imposer à la nation. Cette faute, en rabaissant à ses yeux l'armée française, contribua en quelque sorte à encourager, plus tard, la résolution qu'elle prit de se délivrer.

L'empereur Napoléon désira qu'on envoyât à Bayonne un certain nombre de notables du royaume, sous prétexte de l'intérêt national. A cette époque, ni la junte ni la nation n'avaient la moindre connaissance de ce qui se passait dans cette ville depuis l'arrivée de Ferdinand et de son père. Ce fantôme d'opinion politique partit; mais il ne put ni ne voulut légitimer, en aucune manière, l'attentat consommé à Bayonne. Cependant chaque jour voyait surgir des difficultés nouvelles et de plus en plus graves.

Sous le joug d'une si grande responsabilité, la junte, sans boussole pour se conduire, et n'osant pas lancer dans les provinces la torche de guerre, par la crainte d'aggraver la position du roi, lui expédiait courrier sur courrier, en lui demandant des instructions; mais ces courriers partaient et ne revenaient pas.

Dans cette extrémité, le général O'Farrill proposa d'envoyer un officier intelligent et sûr, qui cherchât un moyen de parler au roi et rapportât ses ordres. Le colonel don José de Zayas fut chargé de cette mission délicate. En réponse on reçut, par un homme inconnu, deux décrets du roi Ferdinand, datés du 5 mai.

Alors tout était changé : la journée du 2 mai était passée et les agneaux étaient devenus des tigres.

Le 1er mai, le prince Murat déclara à la junte qu'il allait faire partir à Bayonne la reine d'Étrurie et l'infant don Francisco de Paula, d'après l'ordre qu'il venait de recevoir de Charles IV. La junte refusa d'y consentir, à moins qu'on lui présentât une lettre du roi Ferdinand. Cependant la reine d'Étrurie voulut partir, et la junte ne put s'y opposer ; mais elle tint bon pour l'infant. Elle se réunit dans la nuit. Le prince Murat la menaça d'établir le lendemain un gouvernement militaire et de faire enlever par la force l'infant, si elle persistait dans son refus. Ne pouvant pas obtenir le consentement de la junte, il se décida à le faire arracher du palais pendant la nuit...... Horrible nuit pour ces hommes de bien qui, d'heure en heure, de minute en minute, faisaient des efforts héroïques pour soutenir, une à une, les pierres qui formaient l'édifice chancelant de leur patrie ! et une à une les voyaient tomber et l'édifice s'écrouler !

Dans la soirée du 1ᵉʳ mai, le peuple, en apprenant le départ de la reine d'Étrurie, fut dans la stupeur ; les rues étaient encombrées d'hommes, mais à peine s'ils échangeaient quelques paroles ; leurs sentimens se trouvaient si bien d'accord, qu'un regard, un serrement de main suffisaient... La vue d'un soldat français les faisait pâlir, mais de rage et non de crainte. J'étais à la fenêtre à les observer et, toute jeune fille que j'étais, je m'identifiais avec eux ; je partageais leur indignation. Il me semblait qu'ils étaient tous devenus mes amis. Le sentiment de l'injustice faisait rougir mon front, et je sentais mon cœur battre du saint amour de mon pays.

La nuit approchait...... Tout à coup j'aperçois, au milieu de la foule, un homme plus grand que les autres, enveloppé d'un manteau, et au regard pénétrant qu'on n'oubliait plus dès qu'on l'avait vu une fois... Cet homme, c'était Don Anastasio. Je ne l'avais pas rencontré depuis le départ de ma tante, qui s'était sauvée de Madrid à Séville pour ne pas voir les Français. Il s'approcha du balcon, qui n'était pas élevé, et, s'appuyant à la jalousie, il avança la tête et me dit : « Le vent souffle du côté del Puerto de » Santa Gloria (1). Le serpent de la ven- » geance dresse sa tête sur Madrid..... Voici » ce paquet et cette relique ; si je ne reviens » pas vous les réclamer d'ici à deux jours, » gardez la relique en signe d'amitié, et re- » mettez le paquet au S^a M.........^{ta}. »

En prononçant ces mots, il disparut dans

______

(1) Montagne des Asturies d'où partit Pélage pour combattre les Maures.

la foule, sans me donner le temps de lui demander d'autre explication.

Le paquet était cacheté. La relique, de la forme d'un cœur, était couverte de satin vert ; un petit chiffre brodé en argent se trouvait au milieu. Je ne pouvais rien comprendre à cet emblême, ou, pour mieux dire, je le devinai sans oser m'en rendre compte, car il me faisait peur.

J'attendis mon oncle pour lui communiquer cet incident ; mais il ne rentra pas dans la soirée, et passa toute la nuit au palais. Pendant cette nuit, une partie du peuple, divisée en groupes, stationna autour du palais pour s'assurer que l'infant ne serait pas enlevé avant le jour.

Le lendemain, de très grand matin, une

foule de femmes se poussa vers la place et les cours du palais. Elles savaient que l'infant y était encore et, dans leur délire, espéraient empêcher qu'on l'enlevât.

Vers huit heures, on vit venir un aide-de-camp du duc de Berg; on crut qu'il arrivait pour donner l'ordre du départ; aussitôt les cris et le tumulte éclatèrent. L'officier demanda aide à une patrouille française qui passait, et qui ne put percer la foule sans sévir contre elle. L'alarme se répandit, le désordre gagna de tout côté et, en peu d'instans, Madrid fut en feu..... Les coups de fusil, les horribles vociférations, les aboiemens des chiens effrayés, les cris de peur des enfans arrivèrent à la fois à nos oreilles au moment où nous étions à déjeûner.

Notre frayeur fut grande, mais non inattendue, car les bouleversemens et les catastrophes politiques n'arrivent jamais sans avant-coureurs. Mon oncle était déjà parti pour la secrétairerie de la guerre, qui se trouvait au palais; nous étions fort inquiets de le savoir au centre du désordre.

Les roulemens des tambours se succédaient sans interruption, accompagnés de continuelles fusillades, parce que les troupes espagnoles et françaises se retiraient à la hâte à leurs casernes respectives, tout en attaquant ou en se défendant. Le peuple, ivre de rage et de ressentiment, se jetait en aveugle sur les soldats français, sans avoir égard au nombre; toute arme lui était bonne, couteau, canif, bâton ou hache; et l'on vit plus d'un insensé se jeter en aveugle au milieu des soldats en bataille, ayant pour

toute arme un poignard ou une four-
che.

Malgré l'horreur dont j'étais pénétrée, je mourais d'envie de regarder ce qui se passait dans la rue; car j'étais curieuse et point pusillanime; mais on nous avait défendu d'approcher des fenêtres. Ma femme de chambre avait trouvé moyen d'observer ce qui se passait, à travers une jalousie qui donnait sur la rue de Panaderos; elle vint tout essoufflée m'avertir que mon oncle allait passer dans la rue, qu'elle l'avait vu de loin. Je la suivis et me mis à son poste..... Je n'oublierai jamais le spectacle qui frappa mes yeux.....Des soldats chargeaient à coups de baïonnette des hommes, des enfans, des vieillards déguenillés; et d'autres, beaucoup d'autres, qui les vengeaient, en harcelant les étrangers, en les perçant de leurs armes blanches, à droite, à gauche, en se glissant sous eux.....; tandis qu'à vingt pas un peloton de voltigeurs enlevait une maison de laquelle étaient partis des coups de fusil, et passait au fil de l'épée tout ce qui s'y trouvait.... Des hurlemens affreux, des exclamations de fureur, d'horribles juremens se faisaient entendre à la fois...; et les deux langues confondues étaient l'expression de tels déchiremens, qu'on aurait pu les prendre pour des cris de bêtes fauves ; elles n'avaient plus rien d'humain..... Tout à coup, une jeune fille, déjà saisie par un soldat, s'élance sur le balcon, avec la légèreté d'une biche poursuivie par une meute, et avec une vivacité extraordinaire, prend son vol, voltige un instant en l'air, puis tombe et s'écrase la tête sur les pavés.... Mais elle ne sentit pas la douleur..., avant de tomber *son ame était déjà dans l'éternité!*..... Pauvre gitanita!..... si gaie, si insouciante de la vie ; sautant au jour le jour, et sans songer à l'avenir : pauvre petite créature! si ta mort fut horrible, du moins elle fut prompte. Tu passas d'un monde à l'autre, comme tu avais vécu, sans prévoyance, et tu fus heureuse!.... Mes genoux avaient fléchi, mes dents claquaient d'effroi,...., et je continuai à regarder.

Le général O'Farrill s'avançait lentement avec M. d'Aranza, au milieu du carnage et sans suite : mon oncle était en bas de soie, souliers à boucles d'or, sans chapeau, tous deux montés sur des chevaux de gardes-du-corps, qu'ils avaient pris à la hâte dans la cour du palais. Ils tâchaient de rétablir l'ordre, en adressant au peuple des paroles de conciliation et de paix, en même temps qu'ils faisaient enlever les malheureux blessés, les faisaient mettre en lieu de refuge par leurs camarades, et parfois aussi, tel est l'empire de la vertu, par leurs propres ennemis.... La tête vénérable de mon oncle, son visage si doux, comme un regard du ciel, calmaient l'ame de ces forcenés et les rendaient à la nature. Le général Harispe accompagnait les deux ministres espagnols, et usait de son autorité pour retenir la fureur des soldats français, qui prenaient de cruelles représailles.

Le feu avait cessé. Le peuple se calmait et commençait à se retirer; mais les troupes françaises continuaient à se faire justice. Une vingtaine de Catalans, qui arrivaient de leur pays, passaient par la rue d'Alcala; une patrouille française les arrête; on les fouille; ils étaient armés. L'officier commandant donna ordre pour qu'ils fussent fusillés sur-le-champ.... Mon oncle, qui arrivait dans ce moment, perce la foule, et s'adressant à l'officier, lui dit que ces hommes, en raison de l'état qu'ils exerçaient, étaient autorisés par le gouvernement à porter des armes en tout temps. Il ajoute à cette explication tout ce que l'éloquence de son cœur peut lui suggérer, et sauve ces malheureux..... Le peuple et les pauvres Catalans applaudirent, entourèrent son cheval, baisèrent ses pieds et les étriers qui les contenaient; tandis que lui, tournant son visage vénérable vers cette foule qui venait d'échapper à un tel danger, il l'exhortait, d'une voix émue, à la prudence et à la résignation.

Les ministres continuèrent à parcourir la ville; lorsqu'ils se furent assurés que tout était tranquille, ils se rendirent près de l'infant Don Antonio, pour lui exposer le résultat de leur mission. Ensuite ils retournèrent près du grand-duc de Berg, et le prièrent

1°. De retirer ses troupes des hauteurs de San Vicente, qu'elles occupaient;

2°. De rendre les communications libres dans l'intérieur;

3°. De faire cesser toutes les hostilités pour accomplir les effets de l'amnistie générale.

Le duc de Berg consentit, et l'amnistie fut publiée; mais cette promesse fut aussitôt violée : les arrestations continuèrent jusqu'au soir, et Murat fit conduire au Prado, dans la nuit, tous les hommes qui avaient été arrêtés, et les fit fusiller..... La détonnation retentit dans toutes les extrémités de l'Espagne et fit bondir d'indignation le cœur de chaque citoyen. Le sang versé, l'incendie, la destruction, tous les maux qui surgirent pendant six ans d'une guerre désastreuse, ont été, en partie, le résultat d'une aussi sanglante et atroce félonie.

Et Don Anastasio....., Don Anastasio ne revint pas.....

Depuis ce moment, Madrid fut, pour ainsi dire, sous le joug des étrangers.

Le 3, le duc de Berg fit partir l'infant don Francisco, et envoya prier ou ordonner à l'infant don Antonio de se disposer à en faire autant. L'infant, accablé sous un poids au dessus de ses forces, ainsi que par les émotions de la veille, n'eut pas le courage de résister, et se mit en route pour aller rejoindre sa famille à Bayonne. Après avoir adressé à don Francisco Gil Y...... le plaisant billet qui suit : « Seigneur Gil, — Je préviens la junte que je pars pour Bayonne par ordre du roi. Je fais savoir également à ladite junte qu'elle continue toujours ses fonctions dans les mêmes termes, et comme si j'étais avec elle. — Dieu nous la prépare bonne! — Adieu, seigneurs, jusqu'à la vallée de Josaphat! — Antonio-Pascual. » Ainsi partit le dernier rejeton de la dynastie qui nous restait en Espagne, laissant le gouvernement sans force morale pour continuer à résister à l'autorité française. Le prince Murat demanda, aussitôt après le départ de l'infant, à présider la junte, qui le récusa. Il insista, et se rendit le lendemain pour prendre part à la séance. M. d'Aranza et le général O'Farrill cessèrent alors d'y assister, et donnèrent leur démission, qui ne fut pas acceptée.

Le 7, le grand-duc de Berg reçut, de la part de Charles IV, sa nomination de lieutenant-général du royaume. Deux jours après, arriva directement à la junte, de la part de Ferdinand, l'acte de sa renonciation au trône en faveur de son père, et une lettre par laquelle il lui retirait les pouvoirs dont il l'avait investi, la remerciant de ses peines. Ces ordres furent immédiatement suivis de la nouvelle de la renonciation à la couronne d'Espagne par Charles IV, et toute sa famille, en faveur de l'empereur Napoléon.

Ainsi finit le premier acte de cet horrible drame : trahison, haine, vengeance...., rien n'y manqua.....; non, je me trompe, il y manqua la suite..., la guerre étrangère, la guerre civile....., guerres sanglantes, terribles! il y manqua les assassinats, les villes saccagées, l'incendie et la ruine d'un des plus beaux pays de la terre !....

Que tes vues sont impénétrables, Dieu de justice, lorsque tu déposes un tel pouvoir dans de telles mains !

XII.

La nouvelle du carnage du 2 mai souleva une partie des provinces. La circulaire qui annonça le changement de dynastie rendit l'insurrection générale. Le peuple intercepta aussitôt partout les communications avec Madrid ; les autorités qui voulurent rétablir l'ordre furent méconnues et accusées comme traîtres à la patrie.

Le peuple, trompé de part et d'autre, abandonné d'abord, puis livré comme un troupeau, se réveilla furieux et ne vit plus que trahison autour de lui. Plus il se sentait faible et impuissant, plus sa colère s'allumait, plus les obstacles l'irritaient; il voyait des ennemis partout; et, comme un sanglier blessé, ne pouvant pas atteindre celui qui lui avait porté le coup mortel, il s'élançait aveuglément et attaquait avec rage tout ce qui s'opposait à son passage.

Le désordre et l'anarchie s'établirent partout. La populace effrénée commit des attentats horribles; les chefs militaires et civils furent les premières victimes qu'elle choisit, parce qu'ils tentaient de prévenir le désordre:

alors on les accusait d'être partisans de Napoléon ; on les massacrait dans les rues , et puis
ils étaient *arrastrados*, c'est à dire déchirés ,
et leurs corps traînés en lambeaux dans les
rues.....; et ce peuple , mu par le sentiment
d'une si juste cause, devint cruel et sangui-
naire ! Je me rappelle toutes les agitations
de mon cœur dans ces pénibles circonstances :
je ne pouvais m'empêcher de sympathiser
avec les insurgés dans le noble motif qui les
irritait ; mais j'éprouvais une indignation et
un dégoût profonds au récit des horribles actions qu'ils commettaient..... Et comment,
mon Dieu, un tel mobile peut-il produire de
tels résultats ? L'homme est-il destiné, par
ses passions, à gâter les sources les plus
pures ? Quelquefois, mon inexpérience cherchait un point d'appui dans ce principe
de justice éternelle, je cherchais la main
de Dieu ; mais je m'y perdais lorsqu'au

nombre des *arrastrados* j'entendais le nom
du brave général Filangieri ou celui du
marquis del Socorro..., et tous les autres,
car ils étaient innocens : alors le doute se
glissait dans mon esprit, et je tremblais....,
je souffrais horriblement..., et je m'en re-
mettais à Dieu, en lui demandant pardon
de ma faiblesse.

Je ne savais pas encore que les grands
tableaux peuvent être beaux de loin et dans
l'ensemble, mais qu'ils sont informes et hideux de près ; que les résultats des bouleversemens politiques ne doivent pas être
jugés d'après la route qu'on parcourt, mais
d'après le but qu'on atteint ; et que l'air devient plus pur lorsque la foudre a éclaté.

Toutefois l'Espagne, sans ressources militaires (1), sans argent, sans roi, sans gouvernement quelconque, livrée à la plus affreuse anarchie; l'Espagne envahie, étouffée, pour ainsi dire, sous le poids de l'armée ennemie, ne présentait, dans sa résistance, que des chances de ruine et de malheur. Des hommes, possédés par l'indignation et le ressentiment, aveugles et hors d'état de raisonner, pouvaient seuls alors assumer sur leurs têtes une telle responsabilité; moi, femme, je les comprenais, parce que je me connaissais mieux en nobles passions qu'en calculs politiques; mais la plupart des hommes prudens et éclairés jugèrent que le plus grand sacrifice qu'ils pussent faire à leur patrie expirante était de se rattacher au nouveau gouverne-

(1) *Mémoires* du général O'Farrill et de don Miguel d'Aranza, page 85.

ment, qui leur promettait l'intégrité du territoire, une constitution et un honnête homme pour roi.... Et les uns et les autres étaient animés du saint amour de leur pays; tous étaient Espagnols par les sentimens, par la pureté d'intention...., et ils s'entr'égorgèrent, et se vouèrent une guerre à mort, dont le temps, malgré les succès des uns et les malheurs des autres, n'a pas encore effacé les traces..... Oh! la guerre civile est une horrible chose!

Cependant, dans les premiers jours du mois de juin, se forma, à Séville, une junte qui gouverna au nom du roi captif, et organisa, en peu de jours, un corps d'armée sous les ordres du général Castaños.

Les députés, réunis à Bayonne par ordre de l'empereur, signèrent la nouvelle constitution d'Espagne et firent leur serment au roi Joseph, qui entra à Madrid le 20 juin.

Joseph Napoléon, en dehors, jusqu'alors, des projets et de la conduite de son frère, n'était, pour les Espagnols, l'objet d'aucun grief personnel. En arrivant en Espagne, il était animé du désir sincère de faire le bien, et tout disposé à adopter la nation qu'on lui avait léguée. La douceur de son caractère, ses manières simples, son air calme et sa physionomie sympathique, lui auraient gagné bientôt l'affection générale, s'il n'était pas arrivé sous d'aussi funestes auspices..... Que son cœur, bon et généreux, dut se sentir comprimé en traversant Madrid pour se rendre à son nouveau palais! Bien qu'au milieu du jour, les fenêtres, les portes, les boutiques, tout était fermé; les rues étaient désertes, et s'il se trouvait quelque citoyen sur son passage, son aspect et ses regards sinistres étaient l'interprète des sentimens de tous.

La veille du jour où le nouveau roi entra à Madrid, quelques Espagnols reçurent, par des voies détournées, la nouvelle des avantages remportés par le général Castaños sur les généraux français Dupont et Vedel ; mais cette nouvelle fut un mystère pour les Français, pendant plusieurs jours, et le roi Joseph ne l'apprit que le 27.

Le prince Murat fut attaqué d'une maladie nerveuse, particulière au climat de Madrid, et qui se renouvela à plusieurs reprises. Une lutte morale à laquelle il n'était pas propre, la résistance opiniâtre qu'il rencontra et qui le mettait sans cesse dans l'embarras, peut-être quelques remords, altérèrent sa santé et sa tête. Il avait souvent le délire, et, dans ces momens, il croyait voir autour de lui des Espagnols qui le menaçaient, le poignard à la main : alors il criait et appelait sa garde pour le défendre. C'était pitié de voir un homme si brave, réduit à trembler devant une ombre, et devant une ombre imaginaire. Cela serait peu croyable, si l'observation ne nous apprenait qu'en regard des hautes qualités des hommes se trouve toujours une grande misère analogue, pour les ramener sous le joug de l'humilité.

Quelques jours avant l'arrivée du nouveau roi, le prince Murat, encore souffrant, quitta Madrid, et laissa le commandement des troupes au général Savary.

La plupart des hommes qui avaient été attachés à l'ancien gouvernement reconnurent le nouveau roi. Toutes les autorités et les conseils, à l'exception de celui de Castille, lui prêtèrent serment. Cette conduite de la part du conseil de Castille fut attribuée dans la suite à la nouvelle que quelques uns de ses membres avaient reçue de la capitulation du général Dupont.

Le nouveau ministère fut ainsi composé : don Pedro Ceballos se chargea du département des affaires étrangères; don José Aranza, de celui des Indes; le comte de Cabarrus fut nommé ministre des finances; le général O'Farrill resta au ministère de la guerre. On confia le ministère de la marine à don Josef de Mazarredo; don Mariano Luis de Urquijo fut nommé ministre secrétaire d'É-tat; don Sebastian Piñuela appelé à la justice, et don Pedro Jovellanos à l'intérieur. Tous, excepté l'amiral Mazarredo, avaient été ministres sous Charles IV, ou sous Ferdinand.

La nouvelle de la capitulation du général Dupont détermina l'évacuation de Madrid, et la retraite du roi sur l'Èbre.

Ce fut un moment de crise et de trouble pour toutes les personnes qui avaient été compromises par leurs rapports avec les Français. Les uns voulaient partir, et gémissaient en se voyant forcés d'abandonner leurs parens, leurs ménages et peut-être leur pays; d'autres, dans l'impossibilité de fuir, ou plus déterminés à affronter les violences du parti contraire, se déterminaient à rester; dans ce but, ils faisaient déménager femmes, enfans et meubles, gardaient leur armes, et attendaient leur sort.

Les ministres, à l'exception de don Pedro Ceballos et Don Sebastian Piñuela, suivirent le roi.

Ma mère, nonobstant sa position de femme et son indépendance de fortune, se vit contrainte de quitter Madrid. Ayant vécu constamment dans l'intimité de son oncle, elle en avait adopté les opinions; on le savait, et elle devait craindre la réaction qui allait peser sur toutes les personnes qu'on soupçonnait attachées au nouveau gouvernement. Veuve, avec deux jeunes filles, et habitant la maison du ministre, elle redouta l'insulte et la violence. La crainte de se trouver sans communication avec son fils, qui était dans une maison d'éducation à Paris, et qui se trouvait retenu en ôtage par l'empereur, avec tous les jeunes gens espagnols qu'on y faisait élever à cette époque, fut encore un puissant motif à la décider ; et nous fîmes à la hâte nos préparatifs de départ.

Que j'étais oppressée à la vue de ce désordre et à la veille d'un si triste voyage! Je n'ai jamais éprouvé ce plaisir si naturel, surtout dans la première jeunesse, à l'idée de changer de lieux, de me mettre en mouvement, de voir des objets nouveaux. J'ai, plus que tout autre, un penchant à me cramponner, pour ainsi dire, aux habitudes et aux affections. Mon cœur est comme un terrain bien chaud, tout y prend racine. Cette disposition donne à l'ame un sentiment habituel de tristesse, parce qu'elle la rend trop dépendante d'autrui, et que la douceur ineffable des tendres affections est insuffisante pour supporter le fardeau du mensonge et de l'ingratitude ; aussi ma vie a toujours été livrée à un combat perpétuel. Par le cœur, faible comme un enfant, souple jusqu'à la lâcheté, mais fière et orgueilleuse, et folle de mon indépendance, je passe ma vie à rougir de ma faiblesse et à me reprocher l'énergie de mon caractère; car je suis honteuse de l'une et toujours prête à blâmer l'autre. Je sens que je suis née avec la force et la puissance nécessaires pour trouver mon bonheur en moi-même. Je fais en général fort peu de cas des autres et m'en méfie, parce qu'ayant été trop confiante j'ai souvent été trompée, et que, par un contraste assez bizarre, comme je crois l'avoir déjà dit, douée d'une imagination vive, je ne me fais point d'illusion sur la vie réelle. Bien plus, je dois à une disposition particulière de ma nature, à un instinct malheureux, de découvrir la plupart du temps à nu l'égoïsme, la bassesse, et tant d'autres misères. Pourtant je me sens sous la dépendance des autres, par ce fonds inépuisable d'affections et de faiblesse de cœur; j'ai beau faire, ma joie ou ma douleur m'arrive toujours du dehors. Alors, je lutte, je me débats contre ma destinée, je cherche à dompter une puissance par l'autre..., et la vie se passe en attendant que le calme ou la sagesse arrive.

En partant de Madrid, tout était regret pour moi, et lorsque je passais d'une chambre à l'autre, la rencontre d'un vieux domestique qui restait, la vue des fleurs qui garnissaient les fenêtres de ma chambre de travail...., le chat qui, assis derrière la porte, me regardait immobile avec ses yeux de cristal, tout m'inspirait un sentiment de tristesse. Mais, ce qui me faisait un vrai chagrin, c'était un épagneul fort âgé que j'avais apporté d'Amérique, et que j'étais obligée de laisser... N'en ris pas, mon amie, tout le monde a connu ces faiblesses-là. Ce pauvre petit animal n'avait jamais pu s'acclimater et souffrait de douleurs rhumatismales ; il était fort âgé, et je lui avais prolongé la vie à force de soins. Personne autre que moi n'aurait eu la patience de s'en occuper pour le faire vivre ; je le regardais comme une sorte d'ami ; et lorsque j'éprouvais quelque petit chagrin qui me faisait regretter mon pays, je devenais sans y penser, plus soigneuse à soulager ses maux.

— « Pepita, dis-je à ma sœur, que ferons-
» nous de Jasmin ? »

— « De ce pauvre vieux Jasmin ? Tiens,
» confie-le à Doña Blaza ; comme elle souf-
» fre, elle en aura soin. »

Doña Blaza était une pauvre femme in-firme, à qui ma mère avait donné asile, et qui vivait de ses aumônes. La pauvre femme s'en chargea, et lorsque je revins à Madrid, elle me le rapporta encore vivant.

Nous partîmes le 29 ou le 30 juillet, un jour avant le roi, pour ne pas nous trouver dans les embarras de l'arrière-garde; mais nous restâmes à Chamartin, village à deux lieues de Madrid, pour attendre mon oncle, qui ne devait se mettre en route qu'avec la cour et les autres ministres.

Notre train de voyage était aussi commodément organisé qu'il pouvait l'être, à la suite d'une résolution aussi précipitée. Ma mère, ma sœur et moi nous occupions une voiture; ma tante, mon oncle et Perico une autre; nos femmes de chambre, la troisième. Trois des officiers attachés à mon oncle nous suivaient en calèche; les autres venaient à cheval; ensuite arrivaient des fourgons qui nous apportaient depuis nos lits jusqu'à la batterie de cuisine : c'était une véritable émigration dans le désert. Mais les Arabes emportent tout ce qu'ils possèdent, et ne regrettent rien ; et nous, nous emportions beaucoup plus de choses qu'ils n'en ont jamais rêvé, et nous en regrettions beaucoup d'autres qui nous manquaient.

Mon oncle O'Farrill arriva à Chamartin dans la nuit, avec ses aides-de-camp. Le lendemain nous partîmes, en précédant à quelque distance le roi et sa maison, pour avoir des vivres plus facilement.

Tout était agitation, mouvement et désordre sur la grande route. Ce voyage si pénible, sous tant de rapports, présentait un aspect singulier : c'était une vraie bigarrure tragi-comique.

Comme on n'avait eu que quelques heures pour se décider, à l'instant du départ, personne n'était prêt. Pourtant, au coup de canon, il fallait partir, car les avant-postes espagnols entraient par la porte de Tolède, lorsque l'arrière-garde française sortait par celle de Fuencarral. Chacun donc se mit en route comme il le put, en costume de voyage ou en costume de ville, en voiture, en charrette, sur une mule ou sur un âne; quelques uns entreprirent la route à pied. On ne voyait que des recuas (1) mal chargées, qui, à chaque pas, perdaient quelque objet : une malle d'un côté, une cantine de l'autre..... Alors c'étaient des cris, des juremens pour les arrêter, et, pendant qu'on saisissait la bride de la mule rétive, huit ou dix autres

(1) On appelle recua un certain nombre de mules attachées l'une à l'autre par la queue.

se pressaient autour, se ruaient sur elle, et maîtres, domestiques et mulets se poussaient, se heurtaient sur une poussière blanche et scintillante, tandis que les rayons du soleil dévorant de juillet leur tombaient d'à-plomb sur la tête.... Au milieu de ce chaos, on voyait se traîner péniblement, et les larmes aux yeux, un pauvre piéton, employé subalterne, ou même un conseiller d'État, qui demandait par pitié place dans un fourgon; car, en restant en arrière, il courait risque d'être assassiné.... A cette pensée qui faisait frémir, on les regardait avec anxiété; on aurait voulu les soutenir, les aider, partager avec eux.... Mais ils étaient en si grand nombre, les malheureux! et nous n'avions qu'une place chacun.... Néanmoins, comme tout tend dans la nature à prendre équilibre et à marcher en avant, au bout de trois ou quatre jours on parvint à se calmer, ou, pour mieux dire, à s'habituer à la souffrance; une partie des piétons finit par se caser, les autres prirent courage et s'endurcirent. Je me rappelle qu'au milieu des fatigues et des privations que nous endurions il nous arrivait de rire; car nous étions bien enfans, ma sœur et moi, et entourées de jeunes gens courageux, gais et insoucians.

L'état-major de mon oncle était composé de Don Fernando Tellechea, de Don Josef Garcia et de Don Manuel Quintano, les deux premiers, capitaines de cavalerie, et l'autre capitaine aux gardes espagnoles. Don Felix Pavia et mon cousin Ignacito Calvo, lieutenans de la garde du roi, en faisaient aussi partie; ils étaient tous de bonne famille et bien élevés. Dans l'intimité où nous vivions, il arrivait souvent des incidens plaisans qui nous égayaient au milieu de nos ennuis. Don Felix Pavia allait à cheval et tombait régulièrement deux ou trois fois par jour ; cela le mettait dans un état d'irritation continuelle, et le rendait fort plaisant ; nous nous en moquions, et il devenait furieux. La monture et ses accessoires étaient une occupation grave pour lui : il ne parlait que selle, bride, mors et ce qui s'ensuit ; car il ne tombait jamais sans avoir une bonne raison pour cela. Un jour que son cheval avait failli le jeter dans le Duero, il s'en prit à la pauvre bête, et pesta contre elle toute la journée. Nous arrivâmes le soir, à Bocegillas : on nous logea dans une maison abandonnée par les habitans, où nous ne trouvâmes ni meubles, ni vivres, ni feu ; ce qui nous arrivait souvent. On plaça nos lits de camp dans deux chambres uniques, et ces messieurs s'accommodèrent de la cuisine, qui était spacieuse; ils réunirent deux ou trois tables qui y restaient, puis se couchèrent dessus à côté l'un de l'autre, comme ils purent, et en bons camarades. Les lits étaient bien durs, mais ces messieurs étaient fatigués, et ne tardèrent pas à s'endormir profondément.

La cuisine touchait à la chambre que nous habitions avec ma mère : tout à coup nous fûmes réveillées par une rumeur subite; d'abord, on frappa violemment le mur à plusieurs reprises; il semblait qu'on se débattait des pieds et des mains; puis, nous entendîmes une espèce de râlement, auquel succédèrent des cris inarticulés, et comme la chute d'un corps pesant..... Nous étions saisies de frayeur; à peine si nous osions respirer.... Les guérillas ou des ennemis domestiques, qui s'étaient cachés jus-

qu'alors, exerçaient sans doute leur vengeance sur les officiers couchés à la cuisine... Notre tour allait peut-être arriver...;
nous étions presque mortes...... Bientôt des
éclats de rire étouffés et convulsifs frappèrent nos oreilles; c'était sans doute la joie
féroce des brigands....

— « *Hombre, perdone usted, pero ese*
» *maldito caballo* (1)!....»

« Que le diable vous emporte tous deux!
» vous avez failli m'étrangler!.... »

Et le rire de recommencer.... Alors nous
fûmes un peu rassurées, bien que ne pouvant encore rien comprendre. Les deux inter-

(1) Pardonnez-moi, mais ce maudit cheval!.....
Hombre! littéralement, homme, est une exclama-
tion impossible à traduire.

locuteurs que nous venions d'entendre étaient Pavia et Tellechea. Ma mère fit lever Isabelle, et l'envoya demander la cause d'une telle agitation.

Pavia, ayant rêvé qu'il était en route, avait pris Tellechea pour sa monture, et se trouvant plus solidement établi que d'habitude, il avait passé fièrement ses deux bras autour du cou de celui qu'il pensait être son cheval et le serrait de toutes ses forces, comme pour satisfaire une vieille rancune.... Tellechea, presque étouffé, fit des efforts pour s'en débarrasser; une lutte violente s'établit, au milieu de laquelle la table céda, et entraîna dans sa chute les deux champions, à moitié endormis.

A quelques jours de là, il advint, à un autre de nos compagnons, une aventure plaisante, mais dont les suites pourtant auraient pu devenir graves.

Le capitaine Garcia était un fort bel homme, et assez content de lui-même. Il croyait que toute femme qui le regardait en devenait éprise, et il mettait un tel amour-propre à le prouver, que jeune, vieille, belle ou laide, il tentait tout ; son humeur guerrière ne reculait devant rien : il fallait que sa coquetterie fût satisfaite. Aussitôt que nous arrivions à un nouveau logement où il se trouvait des femmes, il se mettait en campagne. Du reste, il était gai, et avait un très bon caractère ; on pouvait se moquer de lui sans le fâcher.

Nous arrivâmes à Miranda de Duero, la nuit. Le convoi s'arrêta pour y séjourner quelques jours avec le quartier-général.

L'hôtesse chez qui nous descendîmes vint nous recevoir sur l'escalier..... Figure-toi une petite femme entre cinquante et soixante ans, maigre et brune, à l'œil vif et ardent; un corpiño (1) bien serré et des souliers à boucles; les cheveux gris en partie, relevés avec une sorte de coquetterie, et attachés par un grand peigne en argent, le corps bien roide, le verbe haut, et tu croiras voir Doña Josefa Pia, notre hôtesse.... — Permettez, madame, lui dit Garcia, s'élançant avec empressement au devant d'elle, et lui prenant deux énormes chandeliers qu'elle tenait à la main pour nous éclairer. Elle les lui abandonna en l'examinant de ses petits yeux perçans, puis faisant le signe de la croix.....

_____

(1) Espèce de justaucorps fort serré jusqu'à la ceinture.

— « Dieu me le pardonne, *que guapo*
» *mozo!* (1) »

Nous nous mîmes à rire, et la vieille se
mit en colère.

Depuis ce moment, elle nous prit en haine,
et ne s'occupa que de Garcia. Elle lui donnait des friandises et de bons cigares, lui
portait elle-même le chocolat du matin dans
sa chambre et fumait avec lui. Quelquefois
elle descendait à l'écurie pour donner du su-
cre à son cheval; elle suivait partout le capitaine comme son ombre. Le reste du temps
elle soupirait, oubliait tout, même de gron-
der; et ses domestiques prétendaient qu'on

(1) Locution fort en usage parmi le peuple, impossible à traduire avec exactitude. *Guapo mozo* n'est
ni joli homme, ni homme brillant, ni homme courageux, mais participe de ces trois qualités.

l'avait ensorcelée. Garcia, tout en jouissant de son triomphe, commençait à en être embarrassé. Cependant notre séjour à Miranda se prolongeait.

L'empereur avait appris, à peu de jours d'intervalle, la catastrophe de Baylen, la retraite du roi Joseph et la capitulation de Cintra. Il avait dirigé aussitôt à la hâte quelques régimens sur l'Espagne, et donné l'ordre que quatre-vingt mille hommes de la grande-armée se rendissent à Bayonne.

Le maréchal Jourdan, envoyé par l'empereur en qualité de major-général de l'armée, arriva à Miranda le 22 août. Le quartier-général parut s'y fixer encore pour quelque temps. Je n'en étais pas fâchée; une fois hors de Madrid et distraite de mes habitudes, je commençais à trouver un certain charme à cette vie aventureuse.

La maison que nous habitions, située au bord de la rivière, du côté opposé à la rue, paraissait bâtie sur l'eau, qui en caressait doucement le mur. A quelques pieds au dessus se trouvait un balcon fort saillant, garni de plantes grimpantes et des plus belles fleurs. Là, je venais, le soir, respirer l'air tiède et voir la lune, dont la douce lumière se brisait dans l'eau de mille manières fantastiques. Alors, croyant tranquillement naviguer sur mon balcon, j'oubliais tout, je ne pensais à rien, ou, pour mieux dire, je pensais à une foule de choses à la fois, incohérentes, sans égard au temps, aux lieux, à la vraisemblance. Mon ame s'agrandissait et planait, pour ainsi dire, dans l'espace; j'aimais tout dans la nature, et je m'attendrissais sans savoir pourquoi..... Puis je rapportais tout ce que j'éprouvais à Dieu, et je le remerciais de m'avoir fait naître.....

Je me suis rappelé bien souvent après, dans le cours du temps, ce délicieux balcon; car ce ne sont pas les événemens qui forment les points saillans dans la vie, mais les vives émotions de l'ame.....

« Doña Josefa est folle, décidément
» folle, me dit gaiment, un soir, Pepita en
» s'approchant de moi sur le balcon....; ne
» vient-elle pas de proposer à Garcia de rester
» près d'elle et de l'épouser? *Je suis riche et
» je vous aime*, lui a-t-elle dit. Garcia l'a
» refusée, comme tu penses bien, et tâche de
» la calmer; mais sa tête est partie depuis
» qu'elle a appris que nous quittions Miranda
» demain. »

Le lendemain nous nous mîmes en route, et, comme dans ces momens chacun s'occupe de soi, on ne songea plus aux amours de

Doña Josefa. Cependant, nous fûmes éton-
nés de ne pas la voir à l'heure du départ.
A peu de distance de Miranda, on s'aperçut
que Garcia n'était pas avec nous. On s'in-
quiéta..... Dans de telles circonstances, le
moindre retard devenait dangereux. Nous
étions déjà à plusieurs lieues, et il ne paraissait pas..... Que faire? Il était évident qu'il
était resté à Miranda; mais comment? forcé
ou volontairement?... Tellechea, qui était
son ami intime, et qui connaissait ses opinions, rejetant cette dernière conjecture,
commençait à craindre quelque guet-apens.
Enfin, trois de ces messieurs se décidèrent
à retourner sur leurs pas. Ils s'armèrent de
pistolets et de poignards, et rétrogradèrent
vers Miranda. Il n'y avait plus de Français
dans la ville; mais leur air calme et réso-
lu, les armes dont ils étaient munis, im-
posèrent aux passans, qui les regardaient

avec curiosité, et croyaient sans doute qu'ils faisaient partie de quelque nouveau détachement qui arrivait dans la ville. Ils se rendirent d'abord à la maison que nous venions de quitter, et n'eurent pas besoin d'aller plus loin.

Doña Josefa Pia, dans son désespoir amoureux, avait défendu qu'on éveillât Garcia, l'avait ensuite enfermé à double tour dans sa chambre, et, après avoir jeté la clef dans la rivière, elle avait perdu la tête et s'était sauvée de la maison. Garcia, logé dans une chambre retirée, qui donnait sur la rivière, et comptant qu'on l'avertirait, avait dormi tranquillement, et venait seulement de s'éveiller il y avait peu de temps. Ses amis le trouvèrent encore enfermé, criant, tempêtant, tandis que les gens du dehors cherchaient la clef et Doña Josefa.

On força enfin la porte, et le captif eut sa liberté..... Eh bien! au milieu de sa colère, il n'en voulait pas trop à la pauvre Doña Josefa, et il prouva par là que le cœur d'un homme peut quelquefois sentir comme celui d'une femme.

Mais ses embarras n'étaient pas terminés...; son cheval n'était pas à l'écurie...; quel parti prendre? Il ne fallait pas ébruiter l'affaire dans la ville. Si le peuple venait à s'en douter, la vie de ces messieurs n'était plus en sûreté. Après bien des questions et des éclaircissemens, on apprit que, sous je ne sais quel prétexte, Doña Josefa Pia avait envoyé le cheval la veille dans une écurie, à l'autre bout de la ville. Finalement on le retrouva, et la petite cavalcade ne nous rejoignit qu'à la nuit, après nous avoir causé la plus vive inquiétude.

XIII.

Nous arrivâmes à Vittoria. On nous logea
dans une grande et belle maison qui donnait
sur la place. Cette place était le rendez-vous
général. Des promeneurs, des gens d'affaires, des curieux circulaient, à toute heure,
sous ses arcades. C'était là que se réunis-

saient, pour faire halte, les troupes qui arrivaient ou qui partaient ; là, se faisaient les parades et les revues. Nous avions l'état-major général en face de nous, de l'autre côté de la place. On n'entendait, nuit et jour, que trompettes, tambours et musique militaire, mêlés, par intervalles, d'un murmure sourd, qui, comme le bruit de la mer agitée, avait son flux et son reflux : l'un criait, l'autre chantait, celui-ci sifflait, ceux-là se querellaient, et tous fumaient.... Grand Dieu, jamais je ne m'étais trouvée à pareille fête ! Mais hors les heures de sommeil, où j'en étais vraiment affligée, ce mouvement et ce bruit infernal me divertissaient fort, et je passais une grande partie du jour sur le balcon, particulièrement lorsque j'entendais la musique. C'est une chose remarquable, dans le cours de la vie, que le retentissement des premières impressions. Le bruit du tambour que j'entendais si souvent alors, dans des circonstances si graves, si nouvelles pour moi, m'a toujours fait éprouver depuis une agitation et un élan secrets, comme s'il était le précurseur de quelque nouvelle importante, ou de quelque mouvement extraordinaire. Si j'étais homme, je croirais qu'il existe en moi le besoin de marcher, d'agir; ce besoin, je pourrai le réduire, pour te rassurer sur mes dispositions belliqueuses, mon amie, à l'impulsion qu'une femme qui aime la danse éprouve en entendant une valse sympathique : comprends-moi comme tu voudras; ce qu'il y a de sûr, c'est que le son du tambour, la musique militaire et la place de Vittoria sont inséparables pour toujours dans mon imagination.

Le 22 septembre, une junte centrale s'installa, à Aranjuez, présidée par le comte de

Florida Blanca. Le conseil de Castille, malgré les représentations de la junte fiscale, lui
prêta serment, et ordonna à toutes les autorités du royaume de lui obéir.

Notre vie se passait à Vittoria, au milieu
de la plus vive agitation, et partagée entre
les plaisirs de la société et l'alerte des
camps. L'empereur avait donné l'ordre qu'en
se tint sur la défensive, ce qui nous mit plus
d'une fois, pendant les mois de septembre et
d'octobre, sur le point d'évacuer la ville.
Nous étions menacés de très près, d'un côté
par l'armée de Navarre, commandée par le
général Cuesta; de l'autre, par celle de Galice, sous les ordres du général Blake. Cette
dernière, qui était le plus à craindre pour
nous, fut arrêtée et même forcée, quelque
temps après, par la division du général
Merlin, de se replier précipitamment sur

les montagnes de Santander, et, depuis ce moment, sans me connaître, il protégea ma vie, lui que le sort avait déjà marqué pour la rendre heureuse plus tard!...

Durant plusieurs jours, l'ordre fut donné de se tenir prêt à partir au premier coup de canon; chacun alors avait perpétuellement l'oreille aux aguets, surtout ceux qui n'étaient pas gens de guerre.... Au moindre frémissement de l'air, on croyait entendre la fatale détonnation, ce qui donnait souvent lieu à de plaisantes méprises, qui s'annonçaient par des yeux effrayés et de la pâleur, puis finissaient par des éclats de rire.... Je me rappelle souvent cette époque de ma vie..., lorsque je me couchais tranquillement en me disant : eh bien! si le canon tonne dans la nuit, maman l'entendra et nous réveillera....; puis je m'endormais profondément.... Quelle douce chose que la jeunesse! que d'insouciance sur le présent et sur l'avenir!... De la prévoyance, et pourquoi?... il y a toujours quelqu'un qui s'occupe de nous.... D'ailleurs, puisque les autres ont marché, je marcherai aussi à mon tour.... Toutefois j'ai trouvé, dans l'occasion, que mon courage grandissait avec les évènemens, et tel homme, armé jusqu'aux dents, n'a pas senti son cœur aussi calme dans le danger, que l'était le mien, lorsque, toute jeune fille et sans défense, j'entendais les balles siffler autour de moi.

Tout ce qu'il y avait de distingué parmi les deux nations se réunissait, le soir, chez ma tante. Notre famille et les officiers attachés à mon oncle formaient à eux seuls une société intime assez nombreuse. Nous étions régulièrement, à table, dix-huit personnes, lorsqu'il n'y avait pas d'étrangers invités. Je me rappelle que j'éprouvais de bien mauvais momens à ces dîners. Le comte de Campo de Alange me témoignait une préférence, une amitié, un sentiment paternel enfin, puisqu'il avait soixante-dix ans, mais que, dans ma famille, on se plaisait à appeler gaîment de l'amour; et cela me contrariait : pour moi, parce que la plaisanterie me blessait; pour lui, parce que son attachement me touchait, et je ne voulais pas qu'on le tournât en ridicule.

Ce bon vieillard m'aimait bien tendrement, et disait souvent à ma mère, les larmes aux yeux : « Puisque je suis trop vieux » pour l'épouser, donnez-la moi pour mon » petit-fils. » Mais son petit-fils était avec son père dans les armées espagnoles…, et cet excellent homme ne les revit jamais..... (1)

En attendant le bel avenir qu'il rêvait, il me comblait de soins, et, comme il était très gastronome, tous les jours, à l'heure du dîner, il m'arrivait quelques bonnes friandises de sa part, accompagnées d'un bouquet de fleurs. Cela amusait tous les convives, et me rendait malheureuse jusqu'aux larmes. Je redoutais surtout Perico, qui, dans ses plaisanteries, gardait toujours l'air sérieux, et avait le secret de me tourmenter à l'excès. Pourtant il avait beaucoup d'amitié pour moi; mais je n'ai jamais su comprendre la plaisanterie. Je la prends, la plupart du temps, de travers : ou elle me pique, ou elle m'afflige; mais, à coup sûr, il faut que la main qui l'emploie soit bien légère pour qu'elle ne me blesse pas.

(1) Il mourut en exil.

Mon oncle, le marquis de Casa Calvo, père d'Ignacito, avait suivi le roi Joseph à Vittoria; son fils s'y trouvait aussi : tous deux voulurent m'épouser. Cette rivalité était de bonne guerre : ils jouaient cartes sur table, tâchaient de me plaire, et s'en remettaient à mon choix. Le père était encore jeune, et d'une beauté remarquable : c'était un vrai chevalier, plein de loyauté, vaillant et gai; mais j'aurais choisi le fils, avec lequel j'avais été élevée, sans la répugnance que j'éprouvais à passer la mer pour retourner en Amérique. Il est maintenant à la Havane, marié et heureux : nous avons conservé toujours l'un pour l'autre la plus tendre amitié.

Il y avait près de deux mois que nous étions à Vittoria. De nouvelles troupes arrivaient successivement sur la frontière, et l'on nous annonçait que l'empereur n'était pas loin.

Les personnes qui jugeaient l'Espagne hors d'état de se défendre contre la puissance de Napoléon ne virent, dans la défaite du général Dupont, qu'un fait isolé, dont le seul résultat devait être d'attirer sur nous des forces ennemies plus considérables; mais on ne saurait douter que cet évènement releva le moral de l'armée espagnole, et imprima un élan général à toute la nation. Ce qui dut encore ajouter à ses espérances, ce fut l'offre d'alliance que lui fit le gouvernement anglais. Menacée, harcelée de tout côté par Napoléon, l'Angleterre saisit avec empressement cette occasion d'établir une puissante diversion loin de ses côtes; mais elle ne comptait guère sur la réussite d'une telle lutte. Lord Bentinck, ambassadeur d'Angleterre près de la junte centrale, écrivait à sa cour, dans les premiers jours d'octobre, c'est à dire avant l'entrée en Espagne des troupes anglaises :

« Je suis tous les jours plus convaincu qu'une
» confiance aveugle dans leurs forces et une
» mollesse innée sont les écueils contre les-
» quels leur vaisseau risque de se briser. »

Les Espagnols avaient formé une junte
centrale. Les pouvoirs de ses membres n'é-
manaient pas directement du peuple, mais
d'autres juntes particulières ou locales qui
s'étaient constituées sous le nom de juntes
provinciales. Ainsi, la junte centrale était
une espèce de gouvernement fédératif dé-
pendant des premières, qui avaient la faculté de retirer à ses membres leur mandat,
si toutefois ils s'écartaient de la route qui
leur avait été tracée. Il résultait de ce système
un conflit de pouvoirs, d'intérêts opposés,
et un défaut complet de cette unité si nécessaire pour faire marcher les armées avec ensemble. Aussi, il ne fut jamais possible de

concerter un plan de campagne entre les généraux anglais et les généraux espagnols. Les
Anglais se plaignaient amèrement du gouvernement espagnol : effectivement, ils furent reçus d'abord très froidement; la junte
de Galice s'opposa, pendant quelques jours,
à leur entrée dans la Corogne, et leur refusa
même des moyens de transport. Puis, cette
nation anglaise, si bien organisée, habituée
à trouver tout à sa place, la seule qui sache
encore être libre et soumise à la fois, ne comprenait rien au désordre de gens si malheureux et si mal gouvernés.

Le général Moore écrivait à M. Frère, suc-
cesseur de lord Bentinck à l'ambassade de
Madrid, le 19 novembre : « L'imbécillité du
» gouvernement espagnol surpasse toute
» idée : à quoi sert la bonne volonté des ha-
» bitans, puisqu'il n'existe pas un homme

» qui ait le talent de l'employer? Jusqu'à
» présent, je ne suis en communication avec
» aucune armée espagnole : Castaños, avec
» qui on m'avait fait correspondre, vient
» d'être déposé; La Romana est absent ;
» Dieu sait où il est; et, dans de telles cir-
» constances, les Français ne sont plus éloi-
» gnés de moi que de quatre journées de
» marche. Si les choses continuent à aller
» ainsi, la ruine de l'Espagne est inévitable,
» et je ne dois plus songer qu'à sauver l'ar-
» mée anglaise. »

Plus tard, il écrit à lord Castlereagh,
ministre de la guerre : « Je ne vois ici ni
» généraux, ni armées, ni gouvernement.
» Je ne puis être chargé d'aucune responsa-
» bilité; aussi ne veux-je rendre responsa-
» ble personne. Il faut s'attendre à des mal-
» heurs, etc., etc. »

En effet, si on songe à la faiblesse des ressources, à l'insubordination des troupes, à la mauvaise direction des opérations militaires, et à tous les élémens de ruine qui planaient sur l'Espagne dans cette lutte désastreuse, on ne comprend pas qu'elle ait pu résiser si longtemps ; mais c'est une preuve évidente de la force de la volonté, cette étincelle de la puissance divine. A la vérité, le résultat de cette guerre ne pouvait être prévu : les campagnes d'Autriche et de Russie ne pouvaient entrer dans le calcul des Espagnols, lorsqu'ils entreprirent la défense de leurs droits ; mais une ferme volonté combat les mauvaises chances et attend les bonnes : elle fonde sa puissance réelle sur la force du temps, sur cette force mystérieuse qui crée et anéantit, qui abat le superbe et élève le faible, qui a seule la puissance magique de consolider et de détruire. Mobile prodigieux qui, attaché à la goutte d'eau, creuse le granit...., qui retrempe et calme à la fois l'ame dans le désespoir !

Les renforts de troupes françaises avaient passé la frontière ; l'empereur Napoléon arriva à Bayonne, et, superbe comme un tigre en courroux, s'élança sur l'Espagne. Aussitôt les armées françaises se mirent en mouvement, et se répandirent sur toutes les directions. Napoléon entra à Vittoria, le 7 novembre ; il prit des renseignemens sur l'état intérieur du pays, sur la force et la position des différens corps, sur l'opinion publique ; et lorsqu'on lui dit qu'à côté de l'influence du clergé se trouvait l'influence non moins redoutable des femmes.... « Les coquines, » dit-il, elles sont les mêmes partout ! N'im- » porte, le 2 décembre, je serai à Madrid. » Et il tint parole.

Il défendit au roi Joseph de quitter Vittoria avant qu'il lui en donnât l'ordre, et partit pour Burgos. Il ne voulait avoir son frère qu'à une certaine distance, pour user, dans sa marche, de toute la sévérité d'un conquérant. Il évitait ainsi ses prières et ses représentations; car Joseph s'était bien pénétré de ses devoirs envers la nation. Toutefois l'empereur, bien que décidé à ne pas lui céder, n'était point fâché de le mettre en dehors des mesures violentes, pour ne pas lui attirer la haine des Espagnols.

A Gamonal, deux lieues avant Burgos, le comte de Belveder, avec douze mille hommes de troupes nouvelles et mal organisées, eut l'imprudence d'accepter la bataille, et fut mis en déroute. Le 10 novembre, l'empereur entra dans Burgos, et y fixa son quartier-général. De là, par un décret daté du 12 novembre, il déclara ennemis de la France et de l'Espagne, et traîtres aux deux couronnes, les ducs de l'Infantado, d'Hijar, de Medina-Celi et d'Osuna, le marquis de Santa-Cruz, les comtes de Fernan Nuñez et d'Altamira, le prince de Castelfranco, don Pedro Cevellos, ex-ministre, et l'évêque de Santander : il ordonna qu'ils fussent saisis, traduits devant une commission militaire, et passés par les armes; que leurs biens fussent confisqués en Espagne, en France, dans le royaume de Naples, dans les États du Pape, dans le royaume de Hollande, et dans tous les pays occupés par l'armée française. Par le même décret, il accordait, tant en son nom qu'au nom de son frère, le roi Joseph, pardon général et amnistie à tout Espagnol qui, dans le délai d'un mois après l'entrée des Français à Madrid, mettrait bas les armes, renoncerait à toute communication avec l'Angleterre, et se rallierait au trône et à la constitution.

Après ces mesures de rigueur, le roi Joseph reçut l'ordre de se mettre en marche, et arriva à Burgos le surlendemain de la bataille de Gamoral. Nous suivîmes le roi, ainsi que le reste du convoi.

A mesure que nous avancions, le pays prenait un aspect plus triste. Des villages abandonnés, des campagnes désertes, et sans aucune trace de culture : point de bestiaux, seulement de larges ornières sur la route, luisantes encore, et toujours creusées par le passage continuel des trains d'artillerie. Mon cœur était triste et oppressé, car j'avais vu passer tout l'appareil formidable de guerre, qui, comme une lave enflammée, venait de se répandre sur mon malheureux pays.... Mais quelle fut ma terreur, mon Dieu! lorsque, descendant une petite colline, j'aperçus, sur une grande plaine vers laquelle nous nous acheminions, une multitude de cadavres nùs, étendus çà et là, et éclairés par un soleil de midi!... Nous arrivâmes, en peu d'instans, sur cette campagne de mort, infectée déjà par l'odeur de la putréfaction..., et nos voitures passèrent à travers et par dessus ces corps et ces membres épars....; et ma peur, mon dégoût furent si forts, si forts, que je fermai les yeux et cachai ma tête sur mes genoux en pleurant.... Pauvre jeune fille! pourquoi me trouvais-je là?....

Bientôt après, le convoi arriva aux portes de Burgos. La ville avait été livrée au pillage la veille et pendant la nuit. Tous les habitans s'étaient enfuis. Partout les portes et les fenêtres étaient brisées. Les rues étaient encombrées de meubles, et des groupes de soldats s'occupaient à y mettre le feu, ou à leur donner, en les brisant, une forme plus commode pour alimenter le foyer. Sur la place, les soldats avaient construit des baraques avec les tableaux qu'ils avaient pris dans les églises, et s'amusaient, la pipe à la bouche, à faire des moustaches aux saints qu'ils représentaient. L'entrée des boutiques était forcée, les portes et comptoirs étaient arrachés, et des restes de marchandises, mêlés à des bouteilles et à des flacons cassés, traînaient en lambeaux sales au milieu des rues, puantes de drogues et de vin....

Notre embarras fut grand pour nous loger. Mon oncle obtint, non sans peine, une des maisons qu'on avait préservées du

pillage pour le service de l'empereur. Au
moment de descendre de voiture, je vis quelque chose qui glissait entre la roue et le mar-
chepied....; c'était une vieille femme qui,
tout en avançant la main, pour demander
l'aumône, tournait à droite et à gauche des
yeux à la fois idiots et effrayés.... : c'était
l'image de la misère. Ses joues étaient creu-
ses, livides, et ses mains décharnées : elle
portait un jupon qui n'allait qu'au dessus
du genou, et n'avait point de bas ni de che-
mise; son corps n'était couvert que d'une
mante de laine brune toute trouée.... « Il y
» a plus de vingt-quatre heures que je n'ai
» rien mangé! » dit-elle, d'une voix faible,
en alongeant sa main tremblante....

— « Mais, pauvre femme, comment avez-
» vous eu le courage de rester ici? » lui dit
ma mère.

— « Parce que je suis vieille et pauvre, et
» que je n'avais rien à craindre...; et puis mon
» fils servait, et ils l'ont tué!... J'ai voulu le
» revoir.... chut!.... » et elle jetait autour
d'elle des regards égarés; « et je l'ai vu...,
» je l'ai retrouvé là bas, avec les autres...,
» et j'ai mis de la terre dessus.... » Alors
cette pauvre femme se mit à réciter des
Pater noster, d'une voix basse et précipitée,
et à faire le signe de la croix en portant alternativement la main à son front et à sa bouche, jusqu'à ce qu'elle finit par tomber évanouie sur le seuil de la porte... On lui adminis-
tra des secours, et nous lui donnâmes asile;
mais elle eut la fièvre toute la nuit et mourut le lendemain.

Une fois logés, il se présentait une nouvelle difficulté; c'était de trouver de quoi se
nourrir. Les seuls vivres qui étaient arrivés

jusqu'alors à Burgos venaient des réquisitions, et étaient destinés à l'armée française : il n'y avait pas moyen de s'en procurer d'autres pour de l'argent, puisque la ville était déserte… Comment faire ?… Mon oncle envoya ses aides-de-camp à l'aventure dans diverses directions. En attendant, nous commencions à souffrir, car nous n'avions pas mangé de la journée. Tellechea, Ignacito et Pavia revinrent successivement, l'un portant un mouton, l'autre un quartier de bœuf, et le moins heureux, une écuelle de garbanzos. Tout cela était un reste du pillage, et fut acheté pour quelques sous à des soldats. Il y eut de quoi faire une olla podrida, en attendant mieux.

Le lendemain, nous allâmes visiter la Chartreuse. L'empereur venait de donner un exemple sévère; il avait fait publier l'ordre de suspendre le pillage. Néanmoins, quelques soldats s'introduisirent, pendant la nuit, dans le Campo-Santo de la Chartreuse, poussés par l'espoir de trouver des bijoux sur les abbés et sur la reine Anne, qui y étaient enterrés ; ils brisèrent les tombeaux et déterrèrent les cadavres. L'empereur, logé à peu de distance de la Chartreuse et levé de bon matin, les aperçut, de son balcon, occupés à cette profanation ; il les fit arrêter et passer par les armes.

Encore sous l'impression des scènes de désolation dont je venais d'être témoin, ma visite à la Chartreuse fut triste et douce à la fois. Mon premier sentiment fut l'indignation, à la vue de ces saints abbés, dont les débris, jetés et accrochés à quelques vieilles charmilles, avaient été troublés par des mains avides et étrangères..... Et cette pauvre reine

Anne! que son sexe, son rang et le respect de sa mémoire, n'avaient pu préserver d'une indigne profanation!...et pourquoi?... pour quelques lambeaux de vieilles étoffes et un anneau d'améthystes fausses!

Tout était solennel à mes yeux dans ces cloîtres. Il y a quelque chose de si grave dans un vœu pour la vie! quelque chose de surhumain, je crois...; car, pour qu'un homme réponde de l'avenir, ne faut-il pas que Dieu s'en mêle?... Aussi, cette double idée, pour ainsi dire incompréhensible, d'imprudence et d'assistance divine, s'empare de l'esprit à la vue d'un couvent, et semble comme empreinte sur ses murs.

J'éprouvais une mélancolie profonde en parcourant ces cloîtres habités naguère par des hommes si en dehors de la vie commune. Que leurs pensées, que leurs sentimens devaient différer des nôtres!... A mesure que j'ai avancé dans la vie, j'ai plus compris le charme de la vie religieuse. Ce calme que le monde n'a pas le pouvoir de troubler ; cette vie régulière, qui, par la puissance de la règle, asservit l'imagination, et que la force de l'habitude rend un besoin et presque un plaisir! et puis cette paix intérieure, que les passions des autres hommes ne sauraient dé-truire!... Que peut nous offrir le monde de semblable? Tu me diras, ma bonne Léonor, que je ne pensais pas ainsi à Santa-Clara : cela se peut ; je n'étais qu'une enfant. Ce n'est qu'après la guerre qu'on connaît les douceurs de la paix ; il n'y a pas de gloire qui les vaille.

Je me promenais dans le jardin, et je cueillais les fleurs cultivées par ces bons chartreux, et arrosées peut-être encore l'avant-veillepareux : j'enformais des bouquets, tout en faisant de la philosophie; j'en avais partout, à la main, à ma ceinture, dans mes cheveux....., lorsque je vis un groupe d'officiers français qui me regardaient à une certaine distance et causaient entre eux. C'étaient des curieux comme nous..... Mais je m'aperçus qu'ils s'occupaient plus de moi que de la Chartreuse. Je rougis et je rejoignis ma mère. J'ai appris ensuite de mon mari qu'il était parmi ces messieurs, et que c'est là qu'il me vit pour la première fois. Il ajouta qu'il m'aima depuis lors, et je l'ai cru sans peine, parce qu'il n'avait plus besoin de me faire la cour : il était mon mari.

En sortant de la Chartreuse, nous aperçûmes, vers l'autre bout de la rue, une file de soldats immobiles et appuyés contre le mur. Cette manœuvre paraissait bizarre dans un

tel lieu. Nous avançâmes..... Grand Dieu!...
tout était horreur ce jour-là..... Nous vî-
mes une vingtaine de grenadiers de la garde,
en grande tenue, mais morts, et attachés ou
cloués contre le mur..... Leurs visages et
leurs mains étaient gonflés et violets..... Ils
s'étaient empoisonnés avec des drogues qu'ils
avaient pillées dans une pharmacie en face
du lieu où ils étaient. L'empereur avait or-
donné de les placer ainsi, pour servir d'exemple et d'avertissement à leurs camarades.....
C'était hideux à voir.

L'empereur envoya les maréchaux ducs de
Dantzick et de Bellune sur les montagnes de
Villarcayo et d'Espinosa de los Monteros, à
la poursuite de l'armée du général Blake,
qu'ils battirent.

A la gauche, Castaños et Palafox occupaient les bords de l'Ebre avec une armée de quarante mille hommes : le maréchal Moncey les attaqua, le 3 novembre, et les mit en déroute.

L'empereur se réserva le centre, et partit de Burgos pour Madrid, le 22 novembre ; il attaqua, à Somo-Sierra, le corps du général San-Juan, fort de douze mille hommes. La position fut emportée. Les troupes, dans leur délire, accusèrent leur général de trahison et le massacrèrent.

Aussitôt que ces nouvelles arrivèrent à Madrid, la junte centrale partit pour Aranjuez, et laissa la défense de Madrid confiée à une junte militaire présidée par le marquis de Castelar. Ce projet de défense fut insensé. Madrid était une ville ouverte, sans fortifications ni moyens de résister à l'ennemi ; mais l'exaltation populaire ne raisonnait pas, et punissait de mort ceux qui raisonnaient. Le 2 décembre, l'empereur se porta sur les hauteurs de Chamartin, qui dominaient Madrid. Le roi Joseph, inquiet du sort qui attendait sa capitale, le suivit de près, malgré la défense qu'il lui avait faite d'avancer, et arriva au quartier-général, le même jour, vers quatre heures. Son frère le reçut mal, et le fit partir, plus tard, pour le Pardo, château royal à deux lieues de Madrid.

La conduite de Joseph, quelques jours après, fut honorable et digne d'éloges. A l'aspect des maux que la guerre allait attirer en Espagne, il sentit son impuissance à les repousser et conçut la noble pensée de renoncer à un trône vers lequel il ne pouvait s'avancer que sur une route ensanglantée : il communiqua ses sentimens à Napoléon ; mais l'empereur se disposant à marcher contre les Anglais, qui s'étaient avancés sur Toro et sur Valladolid, informa le roi de la nécessité où il se trouvait de quitter l'Espagne, à cause de la guerre imminente avec l'Autriche. Cette circonstance imposa à Joseph un nouveau devoir. C'est alors qu'il resta à la tête de l'armée, ayant sous ses ordres les maréchaux Victor et Lefebvre, avec quarante-deux mille hommes. Il espérait, sans doute, que, tout en se rendant ainsi utile à l'empereur, son autorité sur l'armée lui donnerait moyen d'alléger le poids des calamités qui pesaient sur la nation.

On somma les habitans de Madrid de se rendre; mais le peuple, furieux, menaçait de massacrer le premier qui parlerait de capitulation. Le prince de Neufchâtel écrivit, le 3, au général Castelar. A neuf heures, il reçut la réponse. Le marquis de Castelar lui demandait vingt-quatre heures pour disposer le peuple à accepter la capitulation. Le lendemain, nouvelle lettre menaçante de la part du major-général français. A cinq heures du soir, le général Morla, membre de la junte militaire, et don Bernardo Iriarte, député de la ville, se rendirent auprès du prince de Neufchâtel, et demandèrent qu'on leur accordât toute la journée du lendemain pour apaiser le peuple.

Je ne puis résister au désir de transmettre, avec ces souvenirs, les paroles adressées au général espagnol par l'empereur ; elles ont ce caractère original de *boutade* de premier jet : un de mes amis, présent à cette entrevue, les a conservées fidèlement dans ses notes.

L'empereur fit entrer le général Morla chez lui, et lui dit :

« Vous employez en vain le nom du peuple;
» si vous ne pouvez parvenir à le calmer,
» c'est que vous l'avez excité vous-même... :
» vous l'avez égaré par des mensonges.
» Rassemblez les curés, les chefs des couvens,
» les alcades, les principaux propriétaires,
» et que, d'ici à six heures du matin, la ville
» se rende, ou elle aura cessé d'exister. Vous
» avez massacré les malheureux prisonniers
» français tombés entre vos mains; vous avez,
» il y a peu de jours, laissé traîner et mettre
» à mort, dans les rues, deux domestiques
» de l'ambassadeur de Russie, parce qu'ils
» étaient des Français....

— » Sire, nous déplorons ces excès; mais
le faible se défend comme il peut.

— » Mais les gouvernemens ne violent pas
» les traités impunément. L'inhabileté et

» la lâcheté d'un général français avaient mis
» dans vos mains des troupes qui avaient ca-
» pitulé sur le champ de bataille, et la capi-
» tulation a été violée...... Vous, M. Morla,
» quelle lettre avez-vous écrite à ce général?
» Il vous convenait bien de parler de pillage,
» à vous, qui, étant entré en Roussillon,
» avez enlevé toutes les femmes, et les avez
» partagées, comme un butin, entre vos
» soldats.... Voyez quelle a été la conduite
» des Anglais, qui cependant sont bien loin
» d'être rigides observateurs des traités. Ils se
» sont plaints de la convention de Portugal;
» mais ils l'ont exécutée.... Violer des trai-
» tés militaires, c'est renoncer à toute civi-
» lisation, c'est se mettre sur la même ligne
» que les Bédouins du désert.... Comment
» donc avez-vous demandé une capitulation,
» vous qui avez violé celle de Baylen? J'a-
» vais une flotte à Cadix, elle était alliée de

» l'Espagne, et vous avez dirigé contre elle
» les mortiers de la ville où vous comman-
» diez.....

— » Sire, la flotte n'était plus notre alliée,
» lorsque les armées françaises attaquaient
» notre territoire.

— » Allez, monsieur, allez ; retournez à
» Madrid. Je vous donne jusqu'à demain six
» heures du matin. Revenez alors, si vous
» n'avez à me parler du peuple que pour
» m'apprendre qu'il s'est soumis ; sinon,
» vous et vos troupes serez tous passés par
» les armes. »

Nonobstant la prise du Retiro, et le péril
imminent qui menaçait la ville, l'effervescence du peuple ne se calmait pas ; mais le
marquis de Castelar quitta Madrid, pendant

la nuit, avec la troupe de ligne ; et les quinze
ou seize mille paysans qui étaient accourus
pour défendre la ville, se voyant abandonnés, rentrèrent chez eux. Le peuple fut ainsi
forcé de mettre bas les armes.

Aussitôt que les habitans de Madrid appri-
rent que les troupes françaises allaient entrer, ils se portèrent vers les issues encore
libres. Ce fut un désordre effroyable. La
foule, possédée d'une espèce de vertige, se
présentait aux portes, comme à la sortie d'un
spectacle, et se répandait dans les campagnes,
sans songer aux dangers qui l'attendaient au
dehors. L'empereur envoya le général Merlin, avec deux escadrons de chevau-légers de
sa garde, pour arrêter ces pauvres gens, les
rassurer et les faire rentrer : il ramena ainsi,
comme des brebis égarées, des moines et des
danseuses, des gitanos, des chanoines, des

jeunes filles.... C'était une vraie fusion de rangs et de costumes.

Ceci me rappelle une lâche action de la part du général S.... Tandis que le général Merlin, aidé de quelques officiers sous ses ordres, tâchait d'inspirer de la confiance aux fugitifs, et leur assurait protection de la part de l'empereur, s'ils rentraient chez eux, le général S..., qui se trouvait alors sans commandement, et seulement attaché à l'état-major de l'empereur, vint observer, en curieux, cette foule de gens craintifs et désarmés. Il se trouvait, dans le nombre, beaucoup de moines. Un, entre autres, supérieur des Récollets, fort gras, fort âgé, infirme, et ne pouvant pas se tenir sur ses jambes, retournait déjà vers Madrid, soutenu par deux jeunes moines. Le général S..., rentrant au quartier-général, accompagné de deux ou trois ordonnances, rencontra le vieux supérieur qui, d'un pas chancelant, gagnait la porte de la Vega... — « Ce sont ces scé- » lérats de moines qui causent tous les dé- » sordres dans ce pays..., s'écria-t-il : tuez- » les moi, soldats ! tuez ces drôles. » Mais les soldats hésitèrent.... Peu de temps après, on apercevait, à la même place, le cadavre du pauvre supérieur des Récollets dans le fond d'un fossé sur le bord du chemin.... On pourrait assurer que l'auteur de cet acte horrible avait commis plus d'une mauvaise action dans sa vie.

Le général Belliard fut nommé comman- dant de Madrid, et y entra, le 5, à dix heures du matin, à la tête des troupes qui de- vaient en former la garnison. L'empereur resta à Chamartin avec sa garde, et envoya le roi Joseph au Pardo. Mon oncle le sui- vit, et nous rentrâmes à Madrid.

Tout y avait changé de face. La plupart des amis de ma mère étaient aux armées, ou faisaient partie de la junte centrale. Sa société était dispersée. C'est une triste chose que de recommencer à arranger sa vie! On regrette du passé même la partie poignante, parce que la puissance de l'habitude en a adouci l'atteinte, et que, le bien étant uni au mal dans le principe de notre existence, il ne nous est pas possible de l'en séparer; il faut l'accepter, l'aimer, le regretter, aux conditions qu'il nous a été accordé; et comme, par une suite de cette loi humaine, la peine nous est imposée pour gagner le plaisir, lorsque ce résultat échappe, l'instinct nous porte encore à nous attacher à tout ce qui nous coûte : aussi nous n'avons de satisfaction véritablement solide que celle qui nous arrive par la route du temps, du travail ou de la douleur.

L'empereur, par divers décrets, prononça la destruction des membres du conseil de Castille, comme *lâches et indignes d'être magistrats* d'une nation brave et généreuse; il abolit le tribunal de l'Inquisition, et ordonna que les biens appartenant à ce tribunal fussent incorporés au domaine de l'Espagne, pour servir de garantie aux valès et aux autres effets de la dette publique.

Il réduisit au tiers le nombre des couvens par la réunion de plusieurs couvens du même ordre dans une seule maison, et défendit toute admission au noviciat et toute profession religieuse, jusqu'à ce que le nombre des religieux de l'un et l'autre sexe fût réduit au tiers.

Il promit une pension à tout religieux qui sortirait de sa maison.

Il abolit les droits féodaux de toute nature, ainsi que toute justice seigneuriale.

Tout cela était l'œuvre d'un siècle. Mais Napoléon était parfois maître du temps, comme il était maître du monde. En relisant la proclamation qu'il adressa, le 7, aux habitans de Madrid, je suis frappée de ce caractère de puissance et d'immense volonté qui la dicta. On dirait que nous en sommes éloignés d'un siècle. Malgré le court espace de temps qui nous sépare de cet homme extraordinaire, en parcourant de nouveau tout ce qui concerne sa vie, on est surpris du caractère de grandeur que la providence avait imprimé sur son front. On admire en lui, avec orgueil, cette distinction de la nature humaine, seule véritable aristocratie, car elle nous vient de Dieu. Le plus fort, le plus intelligent s'élève toujours au dessus des autres, et subit les conséquences de son élévation. Napoléon devait, par sa nature, commander aux autres hommes ; aussi sa destinée, dans toutes ses phases, fut à part de la destinée commune.

La junte centrale se sauva d'Aranjuez à Séville par l'Estramadure, et fut poursuivie par les troupes françaises, qui arrivèrent ainsi jusqu'à Truxillo. D'autres corps s'avançaient du côté de la Manche, jusqu'aux pieds de la Sierra-Morena. Palencia, Valladolid et Léon ouvrirent leurs portes aux Français.

Ainsi, dans l'espace d'un mois, Napoléon avait vaincu, dispersé toutes les armées espagnoles, occupé la plus grande partie de la monarchie, changé son gouvernement, ses lois et ses institutions. La rapidité de ses mouvemens, la justesse de ses combinaisons dans cette campagne, sont admirables. Mais il ne réussit à rien, pas même à consolider le bien qu'il voulait faire, parce que cette guerre fut injuste, perfide, et qu'il se trouve parfois dans la marche des siècles de grands jalons qui attestent l'évidence d'une morale éternelle.

Le corrégidor de Madrid réunit toutes les autorités, et leur annonça que leur sort dépendait de leur conduite; que l'empereur leur donnait à choisir, ou l'intégrité du territoire avec une constitution et Joseph pour roi, ou d'être réduits à devenir une province de la France..... Le corrégidor fit l'éloge du roi Joseph, et dit tout ce qu'il avait fait pour la conservation de Madrid et des autres villes. Alors l'assemblée arrêta que l'empereur serait supplié d'accorder à Madrid la présence du roi.

Connaissant le respect des Espagnols pour les actes religieux, l'empereur exigea que le serment de fidélité fût prêté par le peuple dans les églises, devant le saint-sacrement, qui resta exposé pendant plusieurs jours.

Profanation indigne que celle d'obliger les hommes à mentir à leur conscience, en se servant du fouet brutal de la force, pour les pousser au sacrilége! C'est une image déplorable de voir, à côté de si nobles pensées, cette tache de corruption! Mais remontant à la source, et suivant le cours des événemens, on trouvera à chaque pas que c'était le mauvais et non le bon génie de Napoléon qui l'avait guidé en Espagne.

XIV.

Le roi Joseph fit son entrée solennelle à Madrid, le 22 janvier : il était entouré d'un nombreux cortége ; cette fois, il fut bien reçu du peuple. A San-Isidoro, il fut harangué par l'évêque, qui vint au devant de lui, suivi de tout le clergé.

Alors l'empereur partit de Chamartin, et se mit à la poursuite des Anglais, qui s'étaient avancés jusqu'à Valladolid. Depuis son arrivée en Espagne, il les cherchait partout, et croyait les voir toujours. Lorsqu'il trouvait, sur les routes, un paysan, ou tout autre individu : « Les Anglais? demandait-il; avez» vous vu les Anglais? » C'était son idée fixe. Il leur portait une cruelle rancune. Mais il n'eut pas la satisfaction de les rejoindre, et quitta l'Espagne sans en avoir vu un seul.

Le général Moore s'était avancé, par Salamanque, jusqu'aux plaines de Castille; mais séparé des armées espagnoles, dont il n'avait plus de nouvelles, et trompé par la junte centrale (1), il se retira précipitamment vers la Corogne. Parvenu à la mer, et ne trouvant pas les bâtimens sur lesquels il devait s'embarquer, il fut obligé de livrer bataille

(1) Voir la note à la fin de l'ouvrage.

contre le maréchal Soult. Son armée fut maltraitée, lui tué, ainsi que la plupart de ses officiers.

A notre arrivée à Madrid, ma mère se trouva sans communication avec l'Amérique; nous apprîmes néanmoins que nos biens n'avaient pas été confisqués; cette exception, nous la dûmes, dans ce premier moment, à notre qualité de mineurs.

Nous rentrâmes dans nos habitudes. Depuis notre départ, excepté la musique, nous avions abandonné tout genre de travail. Les premiers jours, je repris mes études avec ardeur; mais je ne tardai pas à m'apercevoir que la vie aventureuse que j'avais menée m'avait un peu dégoûtée de la règle : je trouvai ma chambre d'études triste, les grilles des fenêtres trop élevées, la cour où elles avaient vue bien sombre; je ne comprenais pas comment j'avais pu m'y plaire. La plupart du temps, j'avais de la peine à me fixer à aucune occupation; je les essayais l'une après l'autre, et m'en lassais alternativement; enfin, je n'avais pas quinze ans, et je croyais mon éducation finie.

Pour me distraire, je faisais des vers, mauvais sans doute, mais qui m'amusaient. Je me rappelle avoir composé plus de vingt strophes sur l'aventure de Garcia et de Doña Josefa Pia, ainsi que bien d'autres plus ou moins folles; car ma veine poétique était toujours gaie, et peu d'accord avec mon caractère mélancolique : apparemment que, ne trouvant pas le mot pour rire dans la vie pratique, je le cherchais dans la vie idéale.

Toutefois, j'étais devenue insouciante de

la vie, moi qui l'avais prise au sérieux d'abord. Cette disposition m'arrive presque toujours à la suite de grandes secousses politiques. Il fallait que l'étourderie de mon âge trouvât sa place, et, chose bizarre, elle se faisait jour là où, dans les combinaisons ordinaires, on n'aurait point songé à la placer. Ainsi, le spectacle des grands événemens, en dehors de ma vie ordinaire, qui aurait dû porter mon esprit aux idées graves, si mon enfance eût suivi le cours ordinaire, suspendait au contraire, par la distraction, sa marche trop rapide. Dans l'intimité, j'observais les hommes, selon mes rapports avec eux; le jugement que j'en portais m'inspirait de la crainte et de la tristesse. Les grandes affaires du monde, au contraire, étaient une théorie plus ou moins grave pour une jeune fille, mais indirecte et trop éloignée d'elle pour qu'elle pût s'en faire l'application. Alors je me voyais glisser doucement, inaperçue, à l'ombre de si vastes masses, et ce contraste me faisait retrouver pour un instant toute l'insouciance de mon âge. Mon éducation morale suivait donc une marche peu commune. Au surplus, je dis ce que j'éprouvais ; c'est aux moralistes à en rechercher les causes. Toutefois, cette époque fut encore un temps de passage, et la vie intime ne tarda pas à me remettre de nouveau sur l'ancien terrain, d'où, plus tard, je finis par découvrir un plus vaste horizon.

M. Joli, notre maître de danse, était Parisien, gros et grand comme le bailli de Cascajares. Lorsqu'il glissait en décrivant les courbes du menuet de la reine, on l'aurait pris pour le colosse de Rhodes en goguette. Habituée aux danses nationales, les danses françaises me semblaient éteintes, et m'au-

raient fait dormir en mesure, si M. Joli ne
les avait pas un peu égayées par ses graces et
sa pochette.

J'aimais le boléro et le fandango avec
passion; ma sœur et moi les dansions ensemble. Selon l'habitude du pays, nous
avions un costume de maja, qu'on portait
au bal; nous le mettions au moment de danser….. Quelle grace, quelle vivacité, quelle
passion dans ces délicieuses danses !… puis
ces castagnettes qui finissent par enivrer
tout le monde !… Il faut, pour s'en faire une
idée, avoir vu à Madrid une réunion de gens
du peuple par une soirée d'été, établis sur
une place ou devant les portes au milieu de
la rue! Chacun prend une part active à la
fête, chacun a sa dose de plaisir, mais vif,
mais incisif. Un ou deux couples dansent les
séguidillas; l'un joue de la guitare, d'au-

tres chantent les couplets, et tous ensemble battent des mains et frappent des pieds pour animer les danseurs : alors le bruit des castagnettes redouble, et la joie, le délire sont à leur comble, quand arrive le *bien parado* (1)!... Puis de recommencer...; et tout cela avec des figures bien brunes, des yeux noirs, brillans comme des étoiles; des costumes légers, des jupes bien courtes, un air chaud et embaumé, un beau clair de lune, et un ciel bleu !... O mon pays, comment peut-on te connaître et ne point t'aimer !

Nous voyions régulièrement le soir, chez mon oncle ou chez ma mère, la plupart des personnes qui composaient la maison du roi, et une grande partie des généraux qui résidaient à Madrid. De ce nombre était le

_____

(1) Dernière pose du boléro.

général Dessolles, qui m'avait prise en amitié, et que j'aimais comme un père. Il était si doux, son esprit était si fin, que, malgré la différence d'âge qui nous séparait, je passais souvent des heures entières à causer avec lui. Son tact était parfait pour se faire oublier dans la conversation et pour mettre toujours sur le premier plan la personne avec laquelle il parlait, et souvent je ne comprenais pas le plaisir qu'il pouvait trouver à causer avec moi. J'avais toute confiance en lui, et j'aurais voulu ne point l'avouer, qu'il m'aurait devinée ; car la vivacité de mes impressions et la mobilité de mes traits m'ont mise en tout temps sous la dépendance des personnes qui ont bien voulu s'occuper de moi.

Le général Dessolles aimait beaucoup la musique. A peine m'approchais-je du piano, qu'il venait s'établir auprès de moi. Un soir, j'avais fini de chanter, et nous étions restés à côté du piano.

—« Le général H. S..... est fort amoureux » de vous, je le sais, me dit-il.

— » Cela se peut.....

— » Et vous le savez aussi ?...

— » Quelle idée !... »

Je détournai les yeux et fis quelques accords au hasard sur le piano.

— « Eh bien ! continua-t-il, je suis son » ami, et pourtant je verrais avec peine qu'il » se fît aimer de vous.

— » C'est donc par amitié pour moi ? » lui

répondis-je en riant, et néanmoins avec un certain trouble.

— « C'est possible..... »

Le général H. S..., qui venait tous les soirs chez mon oncle, entra dans cet instant, et s'approcha bientôt de nous. Le général Dessolles lui dit d'un air doux et sans se déconcerter : — « Je disais du mal de vous à mademoi- » selle Mercèdès. » H. S.... jeta un coup d'œil rapide sur moi, et vit que c'était vrai. — « Je » ne le crois pas, répondit-il, vous êtes trop » bon camarade pour cela..... » Et l'esprit de son pays, comme un éclair sous une gaze légère, apparut sur ses traits, traversa ses yeux et se dissipa soudain.... Il changea de conversation, parla du spectacle, de la cour, de Constantinople, du sultan, puis de lui; et tout cela avec une grace à nulle autre pareille :

car, même lorsqu'il s'écoutait trop, ce qui lui arrivait souvent, on se sentait porté à le lui pardonner en faveur de sa physionomie fine et sympathique.

Nous voyions souvent le colonel Desprez, aide-de-camp du roi. Il était fort instruit, et avait, par dessus tout, le goût inné du beau. Il était sensible comme une femme, bien qu'un peu caustique. Souvent il tombait dans des distractions qui le rendaient fort plaisant. Mais si l'on venait à raconter quelque action bonne ou honorable, alors ses yeux s'humectaient; on voyait qu'il était de la partie. Sa gaucherie était inimitable : il n'entrait jamais dans un salon sans se heurter à tous les meubles; il s'accrochait aux robes des femmes ou sautait à pieds joints par dessus les tabourets, ce qui nous divertissait fort. Parmi les personnes que j'ai connues à cette époque, il est du petit nombre de celles qui m'ont toujours conservé souvenir et amitié. La constance dans les rapports d'affection n'était ni la moins rare, ni la moins précieuse de ses qualités.

Il était fort lié avec le colonel, marquis de C....., excellent jeune homme, rempli d'esprit, mais tellement candide qu'on pouvait lui faire croire les plus grandes absurdités; cette qualité était souvent exploitée par ses amis. Le colonel Desprez s'était chargé de me faire les déclarations de son ami, et de le faire valoir auprès de moi; mais, entraîné par son caractère malin, il avait la maladresse, tout en me vantant ses qualités, de me raconter les petites mystifications dont il était l'objet. Il ne savait pas que le vice est moins funeste à l'amour que le ridicule; et je me rappelle que, parfois, lorsque le colonel C..... m'adressait quelques mots d'intérêt, ou qu'il me regardait avec des yeux humides de bonté, j'aurais voulu l'aimer, et ne le pouvais pas. Puis, un léger sourire venait effleurer mes lèvres, et pourquoi? parce que quelques unes de ces malignes histoires du colonel Desprez se présentaient, malgré moi, à mon esprit.

Le général H. S..... continuait à venir chez ma mère presque tous les soirs et à s'occuper de moi. J'aimais à l'entendre causer. Il avait beaucoup voyagé, et savait une foule d'anecdotes qu'il se plaisait à me raconter pour captiver mon attention. Son regard et son sourire étaient doux et harmonieux; mais il avait dans la parole quelque chose de compassé, d'étudié, qui m'inquiétait et m'imposait à la fois. J'ai toujours éprouvé une sorte de crainte en face des personnes qui déguisent leur propre nature, soit parce que cela leur donne un avantage sur la sincérité de mon caractère, soit parce que je suppose qu'ils ont de bonnes raisons pour se cacher. Le général H. S..... était doué pourtant d'un naturel noble et bon ; il avait tout à gagner à se livrer aux élans de son cœur. Il faisait tout ce qu'il pouvait pour me persuader qu'il m'aimait ; il faisait mieux, il me le disait, me le répétait souvent; néanmoins, les paroles du général Dessolles me revenaient souvent à l'esprit. J'étais préoccupée, et pourtant je n'osais provoquer une explication.

Un jour, il vint lui-même au devant de mes désirs. « Mademoiselle Mercédès, vous
» êtes bien préoccupée depuis quelque
» temps.... Vous étiez si gaie lorsque je suis
» arrivé! Vous ne dansez plus..... A pro-
» pos, qu'avez - vous donc fait de ce bon

» monsieur Mathieu de Favier, votre val-
» seur solennel, que vous rendiez si heu-
» reux, et qui vous faisait rire de si bon
» cœur? Allons, allons, tout cela ne va pas
» bien : je ne suis pas content de vous. »

— « Et pourtant, c'est vous qui en êtes
» cause. »

— « Nous y voilà. »

— « Vous m'avez dit des mots bien vagues
» il y a quelque temps. »

— « J'étais bien sûr..... »

— « Voulez-vous m'en donner l'explica-
» tion? »

— « Je vous la donnerai volontiers, et au-
» cune considération ne m'arrêtera, si je puis

» vous éviter un chagrin. H. S..... est fort
» épris de vous ; mais, entraîné par les sen-
» timens qu'il vous porte, il ne se rend pas
» compte de leurs conséquences. Tous ses
» intérêts sont en France ; il est ambitieux ;
» la volonté de l'empereur est tout pour lui.
» Un projet de mariage de sa part avec une
» étrangère peut ne pas être approuvé par
» son maître..... Mon enfant, n'engagez pas
» votre repos dans cette affaire : parlez-en à
» votre mère, et suivez ses conseils. »

C'était mon projet depuis plusieurs jours.
Ma mère me dit d'éviter le général H. S....,
et ajouta : « Il aurait dû demander la per-
» mission de l'empereur et la mienne avant
» de t'avoir parlé. D'ailleurs, ce mariage ne
» peut pas se faire. »

Je suivis les ordres de ma mère, mais

avec toute la gêne et la gaucherie d'une jeune fille franche, qui est obligée de s'étudier, et peut-être aussi à cause de la répugnance que j'avais à faire de la peine à qui que ce fût.

Le lendemain, le général H. S.... vint plus tôt qu'à l'ordinaire. Je redoutais son arrivée. Je ne savais pas ce qui se passait en moi ; je souffrais à l'idée de le voir. Il entra : il était pâle et avait l'air souffrant. Je valsais ; il me salua. Je fis une légère inclination de tête, et la tournai vivement, sous prétexte de parler à mon danseur ; puis je ne regardai plus du côté où le général H. S..... s'était placé.

Peu d'instans après, surprise de voir qu'il ne s'approchait pas de moi, je le cherchai des yeux. Il était assis derrière le canapé qu'occupait ma tante. J'arrive en valsant devant elle, et m'arrête pour prendre du re-

pos..... Dans cet instant, ma tante disait :
— « Votre absence sera-t-elle longue, gé-
» néral ? »

— « Je le crains..... »

Aussitôt je tournai les yeux sur lui.... Les siens étaient fixés sur moi. Il était triste. Son regard, ordinairement si expressif, était abattu. Ma tante continua :

— « Il faudra soigner votre santé ; vous
» avez l'air bien souffrant. Les maladies de
» poitrine ne sont pas à négliger dans ce
» pays-ci..... »

Je me sentais fatiguée, et demandai à m'asseoir. Le général avança une chaise qui se trouvait à côté de lui ; je n'eus pas la force de l'éviter..... Nous restâmes quelques mo-mens en silence.... : il n'avait rien à me dire.

Il partait; je le savais....—«Pourrai-je vous
» voir demain matin, et causer avec vous?»
me dit-il.

— « Devant ma mère? »

— « Non, pas encore; mais vous avez une
» gouvernante, une femme de confiance?...»

— «Oui, mais cela ne se peut pas. »

Ma mère, qui m'observait, m'appela.....
Il me fut impossible de dire un mot de plus
au général H. S.... Il nous quitta, et partit
dans la nuit pour la Manche.

Ma tante Mendinueta était rentrée à Madrid pendant notre absence. Le général Mendinueta, n'ayant pas voulu prêter serment au
roi Joseph, fut envoyé prisonnier en France.
Sa femme ne put le suivre à cause de sa mau-

vaise santé. Alors sa haine contre les Français devint plus ardente, et, lorsque nous allions la voir, elle nous faisait de vives remontrances sur les dangers auxquels nous exposait notre contact avec cette nation de réprouvés : elle prétendait même que notre esprit et nos manières s'en ressentaient déjà ; et, comme nous vivions dans une atmosphère toute différente de la sienne, nous avions beau nous observer, il était difficile qu'une idée, un sentiment ne vinssent pas se faire jour à notre insu. Alors ses petits yeux s'élançaient comme deux dards sur celle de nous qui venait de parler.

— « De la politique ! de la politique ! Sainte
» Vierge ! où va-t-elle se nicher ! Et quelles
» idées ! quels principes ! Où as-tu trouvé
» tout cela ? *Valgame Dios !* Il aurait mieux
» valu que vous ne sortissiez pas de chez

» moi. Vous étiez charmantes alors!... Pau-
» vres enfans! Jésus! Jésus!... » Et elle bran-
lait la tête et faisait le signe de la croix, en
portant légèrement son doigt à son front, sur
ses épaules, et puis à la bouche, en répétant
toujours : « Jésus! Jésus! »

Un soir, elle me dit à table : « Ce Fran-
» çais, qu'on m'a envoyé (par billet de
» logement), voudrait que je le présentasse à
» ta mère. Il est musicien, à ce qu'il parait ;
» on lui a parlé de ta voix ; il voudrait te
» voir et t'entendre. Il me tourmente sans
» cesse pour cela. Parles-en à ta mère ; pour
» moi, je n'irai pas certes tomber parmi
» cette nuée de régénérateurs. Celui-ci, au
» reste, est un bon diable, et je ne voudrais
» pas qu'il fût mal chez moi. »

Il y était, au contraire, fort bien. Ma
tante, comme en général les Espagnoles,

tout en haïssant l'armée française, son gouvernement et son agression, s'attachait aux militaires isolés que le sort envoyait sous son toit; et c'était chose curieuse d'observer ma tante, lorsqu'en parlant de son hôte elle cherchait à prendre un air de rancune; on voyait bientôt sa bonté naturelle percer malgré elle, et trahir à chaque instant sa presque affection pour lui.

M. Lebarbier de Tinan, inspecteur aux revues, hôte de ma tante, était le plus doux et le meilleur des hommes; amateur passionné de la musique classique, il me faisait chanter des heures entières les chefs-d'œuvre de Jomelli, de Durante, de Hændel et de Mozart. C'est à lui que je dois le goût de cette belle et grande musique, véritable épopée, dont la source s'est un peu égarée parmi les mesquineries de notre époque,

mais dont la tradition, comme tant d'autres, sera toujours un type.

Il se trouvait à Madrid, à cette époque,
deux officiers français qui avaient des talens
distingués : le baron d'Oberlin, aide-de-camp
du général Dessolles, et M. Clouet. Ce dernier était la musique même : ses inspira-
tions étaient vives, ardentes; on voyait jaillir
partout en lui l'étincelle de l'art. Il sentait,
il comprenait tout, et trouvait le secret de
le transmettre d'une manière juste, rapide.
Je me rappelle avec plaisir l'impression nouvelle que j'éprouvais en l'entendant chanter
ou parler de la musique. C'était pour moi
une véritable révélation..... Je le regardais
avec étonnement, avec admiration, puis je
sentais au dedans de moi-même un plaisir
secret, en retrouvant, au lieu de ce chaos
d'émotions que la musique avait enfanté

en moi; en retrouvant, dis-je, ces émotions
divisées, distinctes, claires, et fortes cha-
cune de leur propre force. L'inspiration du
génie est un jet de vive lumière qui se répand, pénètre, réchauffe, et découvre au
fond de nous-mêmes tout le charme et tous
les secrets de l'art.....

Divin génie! que le petit nombre des
élus à qui la faculté de te comprendre est ac-
cordée doit trouver d'heureuses compensations! Aussi, dans des momens où j'ai
senti mon ame fléchir sous le poids d'une
douleur morale, au lieu d'accuser le sort,
j'ai pensé à cette foule de douces jouissances que j'ai dues à mon organisation
musicale, et qui, comme des fleurs sans
épines, ont été répandues avec profusion
sur ma destinée...... Alors je baissais la
tête et je me résignais en songeant à ceux

dont les plaisirs sont si souvent achetés par
le regret ou par le repentir.

Le goût des arts élève l'ame et la rend
propre aux nobles sentimens : il éloigne
des petitesses de la vie pratique, réveille la
sympathie pour celui qui souffre, et remonte
les ressorts de l'ame à la hauteur des belles
actions. Cette puissance, comme toutes celles
qui nous portent au delà de la vie commune,
non seulement élève notre nature et la rend
plus susceptible de perfectionnement, mais
ne trouvant pas d'application aux petits intérêts matériels, aux bas calculs de l'égoïsme,
elle nous guide, nous pousse, nous entraîne
vers le beau idéal, et colore d'une teinte
poétique tout ce qui nous frappe et nous
affecte.

Le colonel Clouet était admirateur passionné de Handel. Un soir, après minuit, il ne restait plus que deux ou trois personnes dans le salon. On parlait musique. Quelqu'un blâma certains traits écrits au milieu d'un air, comme insignifians. Le colonel ne fut point de cet avis, et trouva que, dans un morceau d'expression, lorsque la parole devient insuffisante, les motifs vagues et passionnés transmettent au cœur l'intention de l'auteur plus complètement..... Alors, les inflexions non déterminées par la parole sont plus vives, plus profondes. L'ame, déjà préparée, ne se partage plus ; elle est toute à elle-même ; son émotion ne dépend plus du jugement ; elle n'est point distraite par la marche de l'esprit, elle ne l'attend plus pour se développer, et les sensations étant indéterminées, elles gagnent une force nouvelle. Le trait sans paroles devient alors un appel général et simultané à toutes les facultés sen-

sitives ; c'est un ébranlement instinctif, pour
ainsi dire, de toutes les fibres de l'ame....;
ou, si vous l'aimez mieux, c'est le voile
de Phidias, sur la douleur d'Agamemnon...
— « Par exemple, continua le colonel, quoi
de plus sublime que l'air de Handel, dans les
fêtes d'Alexandre, lorsque Timothée raconte
l'incendie de Persépolis, à la suite d'une or-
gie?... Au moment où les convives, ivres de
joie et de volupté, la torche à la main, s'é-
lancent dans la ville, les paroles s'égarent
dans l'esprit du compositeur, et les traits deviennent l'image de l'action..... » Et, s'élançant sur les bougies qui étaient sur la table,
le colonel Clouet entonna, d'une voix forte et
mâle, les traits qui remplacent les paroles dans
l'air de Handel, et se mit à parcourir le salon
d'un pas précipité, en brandissant les lumières.... Dans ce moment, les ceintures
de papier découpé, qui décoraient les flam-

beaux, prirent feu, le salon devint Persépolis, et le colonel Clouet remplaça, à lui seul, tous les convives d'Alexandre.

Ma mère et ma tante allaient souvent à la cour : le roi désira nous y voir ma sœur et moi. Mon oncle en parla à ma mère, qui lui fit quelques objections. Dans tout autre cas, l'étiquette s'y serait opposée ; mais mon oncle et sa famille étaient dévoués au roi Joseph. Peu de dames espagnoles allaient encore à sa cour ; l'exemple que ma mère donnerait, en nous y menant, pouvait être d'un bon effet. Nous fûmes donc présentées.

Le palais de Madrid est fort beau : le premier mot que l'empereur dit en y entrant, fut : — « Mon frère sera mieux logé que moi. » On nous y mena le soir ; il était éblouissant de lumières. Tous ces militaires français, avec

leurs brillans uniformes, et ces dames nou-
vellement arrivées, avec leurs fraîches mo-
des de Paris, m'amusèrent par la nouveauté.
On s'occupa de nous : les hommes avec plaisir,
les femmes avec curiosité. Le roi me plut
beaucoup; il avait des manières charmantes
et convenables, de beaux yeux, de belles
mains, et certaine coquetterie de bon goût
qui lui allait à merveille. Les dames françaises nous regardaient et chuchotaient.
Nous étions bien mises : du crêpe blanc, des
fleurs et de la jeunesse. Nos manières étaient
timides, sans embarras. Cela les étonnait
peut-être.

Les Français, fiers de leur prépondérance,
étaient, à cette époque, vains et méprisans,
hors de leurs pays. Superbes de leur civilisation, superbes de leurs hauts faits, partout
où ils arrivaient, ils se voyaient en pays con-

quis, tranchaient, critiquaient hautement,
confondaient les causes avec les effets, prenaient les petites choses pour les grandes en
les mesurant au microscope du ridicule, et se
faisaient souvent plus d'ennemis par leur légèreté, qu'ils ne s'en seraient fait par leur
méchanceté; car ils étaient, au fond, doux,
sociables, gais, et avaient la bonhomie, par
un contraste bizarre, de convenir volontiers
avec les étrangers de leurs défauts natio-
naux; ce qui nous scandalisait, nous, Espagnols, dont l'amour de la patrie, orgueilleux,
inflexible, nous aurait fait un crime de tels
aveux.

Au surplus, la position dans laquelle nous
nous trouvions alors devait avoir une influence fâcheuse sur le jugement que les
deux nations portaient l'une de l'autre. Les
torts des uns et le ressentiment des autres ex-

citaient la méfiance et l'aigreur : quand on est obligé de se tenir sur ses gardes, on est plus disposé à saisir le mal qu'à voir le bien.

Je dirai pourtant en faveur des Français qu'ils étaient encore plus indulgens pour leurs ennemis que ceux-ci ne l'étaient pour eux; car l'agression injuste commise sur les Espagnols, comme la flèche barbelée du sauvage, entra dans leurs cœurs et n'en sortit pas. Non qu'il fût juste de la part des Espagnols de s'en prendre à la nation française du crime de leur gouvernement; mais comment celle-ci pouvait-elle éviter le contre-coup de leur ressentiment, tandis que tous les déchiremens de la guerre qui les accablait étaient l'œuvre de ses mains ? Il fallait le calme et la réflexion que le temps seul pouvait amener, pour admettre une distinction entre l'opinion privée de la France et la complicité apparente de ses armées et de son chef......

Mais nous étions, je crois, au palais, en face des dames qui nous observaient, et dont les regards nous faisaient pressentir peu de bienveillance. Cela ne devait guère rassurer des jeunes filles lancées tout à coup, et pour la première fois , sur un grand théâtre : je me le rappelle, la disposition que je leur supposais m'était pénible, sans me déconcerter ; car je me sentais soutenue, sans m'en rendre compte, par ma mère, par ma position et par la terre qui me portait : j'étais chez moi.

Je ne me souviens pas avoir été, dans aucun moment de ma vie, ni glorieuse, ni honteuse. La vanité n'a jamais enflé mon cœur, pas plus qu'elle ne l'a mis à l'étroit. Partout j'ai cru porter ma position avec moi : dans les terrains élevés, je me sens naturellement d'à-plomb; dans les terrains bas, je cherche sans effort et trouve sans peine moyen de les rehausser jusqu'à moi. Je n'ai pas encore pu discerner si cette disposition est le résultat de l'éducation, d'un sentiment inné de dignité ou de l'orgueil… C'est un défaut, peut-être, mais, dans ce cas, c'est un défaut que j'aime, car il n'a jamais éveillé dans mon ame un sentiment dont j'aie à rougir; il ne m'a point appris à mesurer le mérite par la taille; il ne m'a jamais inspiré l'humilité avec les grands et l'arrogance avec les petits. Le peintre qui cherche à bien faire peint la nature avant de l'habiller. Quand je rencontre un homme qui a des qualités, du cœur, des vertus, je ne compte pas les degrés qui me séparent de lui, pour lui donner mon amitié.

Quand il n'a rien de tout cela, je me livre, sans arrière-pensée, à cette sympathie sacrée que la nature a mise au fond de mon cœur; et sûrement qu'alors, si je ne lui fais pas du bien, je ne saurais du moins le blesser.

C'est sans doute à cette disposition que je dois ma répugnance pour la vie de cour. Les classifications numérotées m'ont toujours causé une certaine gêne. Elles ont peut-être leur bon côté ; mais je ne vois pas de motif pour s'y soumettre sans nécessité. Lorsque mon mérite fait ma place, je me résigne et ne me plains de personne; mais, lorsque, dans un palais, un emploi, une convention, un caprice, barrent mon chemin par le corps d'une imbécille, ou peut-être par quelque chose de pire, je secoue ma crinière, comme le lion, et me dis tout bas : « Pourquoi es-tu ici? » De quelle nature sont donc ces gens qui rampent par vocation, par goût, qui souvent, sans rien demander, sans rien attendre, sont toujours là où on ne les appelle pas, se font un métier de la bassesse, un plaisir obligé de l'humiliation?

Nous étions souvent invitées par le roi à dîner au palais, ou à la Casa del Campo, séjour ravissant à une lieue de Madrid. Là, nous nous amusions beaucoup. La liberté de la campagne adoucissait l'étiquette. Après le dîner, le roi nous faisait faire des promenades en calèche ou à cheval. Le soir, il nous préparait de belles loteries, qu'il se plaisait à tirer lui-même. Il s'établissait au milieu de nous, autour d'une énorme table, où se trouvaient étalés les présens qu'il nous offrait d'une manière si délicate; et, tout en tirant les numéros, il causait avec tant de grace et de bonté, que le jeu restait oublié, et que nous avions de la peine à nous y retrouver. C'était la plus aimable cour possible, composée en grande partie de jeunes femmes. Le roi étant seul, sans sa famille, l'étiquette disparaissait sous la politesse et la galanterie sympathiques si naturelles de la part d'un homme envers des femmes.

Les Espagnoles vivaient en bonne harmonie avec les dames françaises. On s'était apprivoisé mutuellement, et, à quelque petite jalousie près, tout allait bien entre elles.

Parmi les dames étrangères, il s'en trouvait une avec qui nous ne tardâmes point à nous lier. C'était la femme du général Jamin, fille du comte de Melito. Bien qu'elle fût déjà mariée, elle était fort jeune et plus en harmonie avec nous, par son âge et ses goûts.

C'était la plus charmante femme du monde. Elle était, pour ainsi dire, pétrie de grace et de gaîté, facile à vivre, point exigeante, d'une humeur douce et toujours égale. On pourrait la comparer à une de ces jolies rivières de France, qui coulent doucement, toujours, et jamais plus vite ; qui fertilisent tout ce qu'elles touchent, sans jamais déborder, sans jamais causer de ravages. Sa personne n'admettait point l'analyse. De belles dents, une peau fine et veloutée, rien de régulier, tout attrayant. Elle avait la véritable beauté ; elle avait ce qui plaît.—Calixte chantait fort bien. Sa tante, madame Miot, dont le mari était aussi attaché au roi, aimable, capricieuse, remplie d'esprit, avait une voix de contralto et un beau talent. Je les admirais beaucoup toutes deux, moi, qui n'avais que ma voix et ma passion pour la musique.

Calixte et sa tante arrivaient d'Italie. Lorsqu'elles chantaient ensemble, je les écoutais avec avidité : je ne croyais jamais pouvoir en faire autant. Ma voix était dure, indomptable, et pourtant je me sentais la ferme volonté de travailler.

J'ai toujours pensé que, pour réussir, dans quelque genre d'étude que ce soit, il ne faut jamais être content du point où l'on est; mais avoir le courage et la volonté de marcher devant soi , voir toujours la perfection de l'art, loin de soi, mais toujours à sa portée. De la direction de l'amour-propre, dans ce cas, dépend le secret de réussir.

Bien que l'empereur n'eût retiré d'Espagne, pour la guerre d'Autriche, que les régimens de sa garde, l'armée française ne suffisait pas à l'occupation d'une aussi vaste étendue de terrain : d'un autre côté, les grandes opérations qu'elle avait entreprises ne pouvaient pas être décisives, parce qu'elles étaient toujours isolées. L'armée, commandée par le duc de Dalmatie, et qui occupait la Galice, fut donc obligée de se replier sur Salamanque, pour se joindre aux 2ᵉ et 3ᵉ corps. Le duc reçut alors l'ordre du roi Joseph, transmis par le général Foy, de se porter avec ses trois corps d'armée, et de seconder ainsi le mouvement que le roi allait faire sur l'armée anglo-espagnole réunie à Talavera de la Reina. Le roi Joseph partit de Madrid, pour commencer l'attaque, avec les 1ᵉʳ et 4ᵉ corps, et la réserve de sa garde.

La capitale resta donc dégarnie de troupes et à découvert du côté de la Manche, occupée par une autre armée espagnole qui s'avançait sur Madrid.

En attendant l'issue de la bataille de Talavera, on prit le parti d'enfermer au Retiro (1) tous les Français qui restaient à Madrid, ainsi que les Espagnols attachés au parti français. Nous fûmes donc au Retiro, mais en si grand nombre, qu'il nous fut impossible d'y rester : on nous aurait pris pour un troupeau dans une étroite bergerie, ou pour de pauvres Africains à fond de cale; il fallut en sortir.

On nous envoya à Saint-Ildefonse. Là, chacun reprit sa place. La plupart des dames furent logées au palais; ce palais, c'était celui d'Armide, ses jardins, la création d'une fée; la nature, à la fois belle et sauvage, y excitait une foule d'impressions imprévues dans l'ame : des cascades hardies, d'une eau

(1) Voir la note à la fin de l'ouvrage.

légère, qui se répandait dans l'air en poussière d'argent ; partout des fleurs, dont les parfums s'exhalaient dans une atmosphère brûlante : de grands bassins de marbre, remplis des plus belles eaux, si limpides, si claires, que, malgré la profondeur des bassins, on aurait cru toucher au fond en effleurant la superficie : des milliers d'oiseaux qui, fiers d'habiter un tel séjour, sautaient gaiment de branche en branche, étalant leurs ailes et chantant ; puis, qui venaient se baigner et plonger sous nos mains, comme s'ils eussent été apprivoisés... : et, tandis qu'on souriait à l'aspect de tant de beautés, l'œil s'égarait plus loin, parmi les sombres pins, les crevasses et le torrent menaçant de la montagne, dont la cime se perd dans les airs et le pied repose au milieu des jardins enchanteurs et de toutes les magies de l'art.....

Je ne sais, mais le souvenir de Saint-Ildefonse m'enivre encore de volupté et de regret. Douces pensées, dont les brillantes impressions ne sauraient se reproduire !.... Je crois entendre résonner encore cette musique lointaine et ces cors de chasse qui retentirent doucement sur mes sens, un matin, où, cédant à l'influence de l'air chaud et balsamique, je m'étais endormie en lisant.... Je sens encore ce doux engourdissement, ce bien-être voluptueux, qui cherchait à ressaisir le sommeil !... Alors, les sons harmonieux se mêlèrent aux rêves de la jeunesse, et me plongèrent dans un état ineffable de pures et vives jouissances !... Mais, les sons s'évanouirent, je me réveillai, et de tristes réalités vinrent remplacer, un jour, ces doux rêves de ma première jeunesse !

La foule, arrivée depuis peu dans ces

lieux enchanteurs, était si désœuvrée, qu'on la voyait en tout lieu : elle ne se lassait point, surtout, de parcourir les jardins; mais ils étaient si vastes, qu'on trouvait toujours moyen d'être seul, à de certaines heures.

Un matin, nous nous promenions avec ma mère et ma tante O'Farrill; quelques personnes s'étaient jointes à nous. On admirait la gaîté et le mouvement général, au milieu des dangers qui nous menaçaient, et peut-être à la veille d'une catastrophe! « Mais comment se défendre, disait quelqu'un, de l'influence immédiate de cette belle nature, de cette puissance de l'art, pour en tirer parti; de ces admirables eaux, de ce beau ciel, enfin!... Il est rare que l'homme résiste, au moins pour un instant, au charme du moment présent..... » Tout à coup des cris affreux se firent entendre; chacun se mit à courir, dans tous les sens, sans savoir pourquoi, ni de quel côté se diriger..... Ceux qui avaient l'air de connaître la cause d'une telle alarme couraient encore plus vite, et n'avaient pas le temps de répondre aux questions multipliées qu'on leur adressait..... Seulement les mots..... « Tombé dans l'eau.... — Noyé.... » résonnaient sans suite autour de nous.....; et chacun de trembler et de regarder autour de soi, pour compter si les siens étaient au complet....., puis de craindre pour les absens !..... Les cris continuaient toujours... Bientôt un groupe d'hommes s'avança, et nous aperçûmes au milieu de la foule une jeune femme qu'on portait évanouie, le visage couvert en partie par ses longs cheveux détachés, ses vêtemens en désordre et mouillés..... Deux petites filles de trois à quatre ans la suivaient en poussant des cris et en sanglotant..... — « Qui?.... demanda ma tante O'Farrill à un de nos amis qui venait à nous..... » — «Madame d'Hervas!.... » — « Noyée? » — « Non, mais son mari qui l'accompagnait, en jouant et sautant avec ses enfans, est tombé là haut dans le gouffre... » — « Et on n'a pas pu le sauver?..... » — « On le cherche maintenant, mais l'eau est glacée de ce côté, parce qu'elle tombe immédiatement des montagnes..... » — « Il ne savait donc pas nager?...» — «On dit que oui ; mais, comme il n'a pas reparu, on craint qu'il ne se soit trouvé embarrassé dans les roseaux, ou que, l'eau étant très froide, il n'ait été attaqué d'apoplexie, en tombant, parce qu'il venait de déjeûner copieusement..... » — « Et son père? » — « Il était avec eux et s'est trouvé dans la plus affreuse position.

Au moment où Pepe est tombé dans l'eau, sa femme a poussé un cri et s'est élancée derrière lui..... Le père a eu à peine le temps de la retenir ; mais, étant seul de ce côté, il ne pouvait ni la lâcher, parce qu'elle se débattait pour se jeter dans le gouffre, ni secourir son fils, qui ne reparaissait pas au dessus de l'eau, et le malheureux père, dans une horrible angoisse, n'avait d'autre ressource que d'appeler à son secours.... Mais sa voix, étouffée par la contraction de la frayeur, ne pouvait s'ouvrir passage..... Il était prêt à s'évanouir, lorsque les cris des petites filles attirèrent quelques promeneurs..... »

Le corps du malheureux Pepe ne fut trouvé qu'au bout de cinq heures. Il était fils du marquis d'Almenara, ministre des finances. C'était un jeune homme spirituel

et agréable. Il avait voyagé, et habité long-
temps Paris, lorsque son père était ambassadeur d'Espagne. Là il épousa une jeune
Parisienne, qui l'aimait extrêmement, et dont
la raison fut égarée, pendant quelque temps,
par la douleur que lui causa sa perte. Pauvre Amélie! sa vie était destinée aux plus
grandes épreuves de l'adversité; mais elle a
su les supporter avec tant de vertu, tant de
dignité, qu'elle sera toujours un objet de vé-
nération pour le petit nombre de personnes
qui la connaissent.

La bataille de Talavera fut sanglante, son
résultat douteux. Les armées anglaise et
espagnole restèrent à la vérité maîtresses
du terrain, mais ne purent avancer, et furent
même obligées de se retirer bientôt, en aban-
donnant leurs blessés, parce que l'armée
française, qui venait vers Placencia, mena-

çait de leur couper la retraite du côté du Portugal. Nous rentrâmes à Madrid.

Aussitôt qu'il y avait une halte entre deux batailles, les projets de mariage se réveillaient dans le cœur des militaires français. Il n'y avait pas de jeune fille, jolie, ou bien née, qui ne fût un objet de désir, d'amour ou d'espérance pour eux. C'était curieux, je pourrais dire touchant, d'observer cet instinct qui les portait à chercher les plaisirs du ménage, au milieu des camps, à former des projets de bonheur intérieur à venir, à la veille de la mort; et cela, avec une gaîté, une insouciance, un désintéressement sans égal..... Noble et belle carrière militaire! source de vertu et de gloire! Elle n'accorde son baptême qu'aux plus dures conditions : aussi la vie de ses enfans est toute composée de sacrifices. Les plaisirs, les plus douces affections d'intérieur, leur sont comme interdits ; point de famille pour eux : s'ils veulent bien faire leur métier, il faut qu'ils y renoncent, ou qu'ils en soient toujours éloignés. Une vie dure, pénible, soumise souvent aux plus grandes privations ; des devoirs sévères, stricts, minutieux, se partagent leur temps : soumission absolue, dépendance de presque tous les instans ; à quelque légère modification près, telle est leur existence, en temps de paix comme en temps de guerre. Puis, ce qui leur reste est à la merci d'une balle ou d'un boulet de canon. Ainsi, tout ce qui a quelque prix dans la vie d'un homme, les plaisirs, les affections, la liberté, la vie, tout est réuni en faisceau et offert par le militaire en holocauste à sa patrie… Quel moyen d'en faire plus ? quel moyen d'en faire autant ? L'homme ne peut donner que ce qu'il a : sa vie de tous les instans, puis sa vie d'un instant..., le dernier. Quand il a donné cela, il a mérité de son pays, il est en honneur parmi les hommes. C'est tout ce qui reste aujourd'hui, en France, au petit nombre de ceux qui, vieux et criblés de blessures, sont parvenus par miracle au bout de leur périlleuse carrière... Non, j'oubliais la pension de retraite.

La bataille d'Almonacid eut lieu, et les Espagnols furent mis en déroute : on en apporta la nouvelle au général O'Farrill, au moment où nous étions à table. C'est encore dans de pareils momens que la vertu de mon bon oncle se faisait jour d'une manière sublime et touchante à la fois. Tandis que l'officier continuait son récit, mon oncle écoutait, pâle, immobile, et ne mangeait plus. Persuadé, comme il l'était, que les Espagnols ne réussiraient jamais à se délivrer de la puissance de Napoléon, il regardait comme funeste tout succès qui, en ranimant momentanément leurs espérances, prolongerait une guerre désastreuse pour eux, et les mettrait dans le cas d'accepter par la suite de dures conditions. Mais, à la nouvelle d'une défaite des Espagnols, ce raisonnement, dont la source pourtant était dans le plus pur patriotisme, se trouvait aux prises avec l'orgueil national, avec cette sympathie qu'un cœur bien né éprouve toujours pour les siens. Au mot d'Espagnol souffrant, malheureux, vaincu, humilié, tout était agité en lui : c'était une affreuse tempête qui grondait au plus profond de lui-même....., tandis que son visage calme ne décelait le désordre intérieur que par une extrême pâleur et, parfois, par une larme furtive.....

C'est ainsi qu'il écoutait le récit de la bataille d'Almonacid.....; et moi, en face de lui, je le regardais attentivement; je voyais jusqu'au fond de son cœur....., et je le suivais avec le mien, souffrant avec lui, l'admirant, et prête à me mettre à genoux pour adorer tant de vertu !.... Car, moi, jeune fille, lancée par le hasard dans ce monde de guerre et de passions, en dehors de la politique, je jugeais les choses plutôt avec mon cœur qu'avec ma raison, et bien que vivant dans une atmosphère toute française, et à laquelle déjà des affections et des habitudes m'attachaient, je me sentais toujours fortement attirée, par de secrètes sympathies, vers mes compatriotes. J'étais fière de la défense de Gironne, comme je l'avais été de celle de Saragosse, et je me plaisais à les exalter en face des étrangers avec tout l'orgueil national, ce qui leur faisait un certain plaisir ; car les Français comprennent et goûtent les nobles sentimens.

Mais, lorsque j'entendais le récit de scènes de désordre et de pillage ; lorsqu'il nous arrivait la nouvelle d'une défaite des Espagnols, leurs ennemis devenaient les miens : je tombais alors dans des accès d'irritation contre eux, et, pendant quelques jours, je ne pouvais pas les supporter ; mais bientôt le petit nombre de Français auxquels je m'étais attachée plaidait la cause de tous dans mon cœur, sans que je m'en doutasse, et je leur revenais bien vite malgré moi.

Il arrivait aussi parfois, comme je crois l'avoir dit, surtout aux femmes, de choquer nos susceptibilités nationales. J'étais également sensible à ce genre de blessures, et je me rappelle que ce fut à leurs critiques que je dus mon goût pour les combats de taureaux.

Le combat de taureaux est un plaisir qui a quelque chose de grand, de hardi, de neuf, en harmonie avec nos mœurs, ce qui le rend piquant, attachant. J'ai toujours compris qu'on pût l'aimer, même étant femme, mais l'aimer avec folie, par cela même qu'il a la force de vaincre nos répugnances et de nous faire trouver un plaisir là où de prime-abord la nature se sent repoussée. Aussi, on n'est plus à soi quand on s'amuse aux courses de taureaux. Cet ensemble de gaîté, d'adresse, de cruauté, de sang, agite et remue jusqu'à la moelle des os. Le danger, la générosité, la cruauté, viennent tour à tour s'emparer du spectateur, tout agit sur lui, tout l'intéresse : l'homme, parce qu'il s'expose et qu'il est le plus faible ; le taureau, parce que sa force puissante, les armes redoutables qu'il doit à la nature, se trouvent aux prises avec l'adresse et l'intelligence de son ennemi ; le cheval surtout, le cheval inoffensif et courageux, noble héros de fidélité, qui reçoit mille blessures sous son maître ; qui, portant la mort dans ses flancs, marche toujours du même pas ; et qui, lorsque la vie l'a déjà quitté, n'a pas encore quitté son maître. Ensuite, ce grand cirque en plein air, qui rappelle des temps si loin de nous ; ces alguazils qui viennent, en grand costume, prendre les ordres du roi pour ouvrir la lice ; ces trompettes, ces fanfares, qui annoncent tour à tour le combat et la mort......, comme dans les fêtes, à la fois brillantes et funestes, des Zégris et des Abencérages...... Puis, que sais-je ? tout cet appareil étrange qui annonce des mœurs, des coutumes tout à fait en dehors des autres pays de l'Europe, et qui ont donné jusqu'à présent un caractère, une couleur particulière au nôtre.

Sans doute qu'un spectacle pareil devait choquer la vue et les idées reçues des dames françaises; aussi nous ne leur demandions pas de s'y amuser, mais de nous éviter des épithètes désobligeantes qui échappaient, en face de nous, à leur sensibilité blessée.

XV.

Nous avions à Madrid une parente qui menait une vie fort retirée. Elle avait trois enfans, dont deux fils militaires : l'un était entré au service du roi Joseph; l'autre partit à l'insu de sa mère, et s'engagea dans les armées espagnoles. Mariquita, la fille aînée, était fort dévote, et n'avait pas voulu se marier : elle venait nous voir quelquefois, mais lorsqu'elle savait ne point trouver de Français à la maison; elle leur portait une haine exaltée, et avait contribué au départ de son jeune frère, avec lequel elle communiquait par des voies détournées, et qui se trouvait alors à l'armée de la Manche.

La veille de la bataille d'Ocaña était jour de fête; nous fûmes à la messe, ma sœur et moi, à San-Ginès. Il y avait beaucoup de monde. Le maître-autel était très éclairé et les chapelles demeuraient sombres. On y disait des messes sans discontinuer, et la foule qui s'était portée dans l'église pour les entendre restait à genoux, immobile et plus recueillie que de coutume. Il y avait quelque chose de mystérieux dans ces prières, quelque chose de sympathique entre le prêtre et les fidèles; on aurait dit qu'un vœu cher, unique, s'échappait en même temps

de tous les cœurs, et montait jusqu'à la divinité. Je ne sais; mais ce spectacle m'émut..... Nous nous avançâmes dans une de ces chapelles. J'aperçus, à une de ses extrémités, à genoux, appuyée contre un pilier, une femme couverte d'un voile noir..... J'avais la vue encore éblouie par l'éclat des lumières que je venais de quitter; pourtant, je crus reconnaître Mariquita.... C'était elle, mais pâle et défaite. Elle avait son rosaire dans ses mains, priait d'une voix presque inintelligible et tremblante, faisant glisser rapidement, à mesure, les grains de son rosaire.... — « Es-tu malade, Mariquita?.... » lui dis-je, à voix basse, en m'approchant d'elle. Elle se releva. — « Non...., mais je
» suis bien malheureuse. Mes frères se bat-
» tent l'un contre l'autre; demain, aujour-
» d'hui...., qui sait? » Et son corps tremblait si fort, que son rosaire de verre tintait

comme une cloche..... « Et ta mère? » —
« Ma mère est malade au lit..... Si l'un de
» mes frères est tué, elle ne se relevera pas...,
» elle en mourra....; et alors, que devien-
» drons-nous?... que deviendrai-je?.... car
» tu sais que c'est moi qui ai fait partir
» Frasquito!... Malédiction! malédiction sur
» les Français!... Pourquoi sont-ils venus
» chez nous?... Pardon, mon Dieu, par-
» don!... car, si c'était à recommencer, je
» le ferais encore..... » Et la pauvre fille
pleurait amèrement, cachant ses larmes sous
les plis de son voile..... Nous voulûmes l'em-
mener, mais elle ne consentit pas à sortir de
l'église, ayant pris la résolution d'y rester
jusqu'au moment où l'on en fermerait les
portes..... Elle croyait, en priant toujours,
détourner les coups que peut-être allaient se
porter ses frères!... Elle se remit à genoux,
et nous partîmes.

Nous fûmes fort inquiètes toute la journée du lendemain. Mon oncle O'Farrill était parti avec le roi; on s'attendait à une affaire, et pour nous il n'y avait pas de victoire. Nos affections et nos sympathies se partageaient entre les deux camps.

Le soir, au moment où nous allions nous coucher, je reçus un mot de Mariquita. « Les nôtres ont perdu la bataille.... Honte sur leurs chefs!... Mes frères, grâce à Dieu, n'ont pas été tués; mais Frasquito est prisonnier!... C'est son domestique, qui arrive d'Ocaña, qui nous apporte ces nouvelles.... J'ai à te parler, viens me voir demain matin. »

Le jour suivant, je fus un peu souffrante et gardai le lit; je le fis dire à Mariquita.

— « Je reçois à l'instant une lettre de mon

frère, m'écrivit-elle, dans la soirée ; il faut que je te parle : viens, si tu le peux, chez moi, je ne vais pas te voir, parce que j'attends les prisonniers, peut-être dans une heure, peut-être ce soir.... ; viens, je t'en prie. »

Le lendemain, je me levai de bonne heure, et, comme ma sœur dormait, je pris, à la hâte, ma mantille, et partis avec Isabelle pour la rue de Fuencarral, où demeurait Mariquita. Je la trouvai encore fort agitée par les nouvelles qu'elle venait de recevoir la veille ; indignée contre les chefs de l'armée espagnole, qu'elle prétendait être cause de la perte de la bataille ; maudissant le hasard qui avait livré son frère entre les mains des Français, et pourtant, respirant à pleine poitrine, en répétant que son frère était vivant.... En disant tout cela, elle passait rapidement d'une idée à l'autre, sans transition, et comme une personne dont le cerveau eût été fatigué et agité, à la fois, de veiller et de souffrir.... — « Ils fuyaient, ma chère, ils fuyaient!... » disait-elle en frappant ses mains et les serrant fortement l'une dans l'autre. « Quarante mille hommes n'ont pas tenu et fuyaient devant les Français!.... N'y a-t-il pas de quoi pleurer des larmes de sang?... On dit que notre pauvre oncle O'Farrill, en les voyant s'échapper en désordre devant l'ennemi, se cacha le visage dans ses mains..... Mon frère arrive ce soir avec les officiers prisonniers. On dit qu'ils ne feront que traverser Madrid...; mais.... il y a quelqu'un dans le nombre..., quelqu'un qui t'intéresse encore, peut-être..., le capitaine de Frasquito...., Cerrano..... » Ce nom me fit tressaillir.... Je savais qu'il se battait dans les armées patriotes; son beau-frère, qui s'était attaché au parti français, disait que c'était le dépit, plutôt que le patriotisme, qui l'avait poussé à chercher sa destinée sous une étoile différente de la mienne....

— « J'irai à leur rencontre, poursuivit Mariquita, j'irai porter à mon frère des effets, de l'argent, et tout ce que je pourrai; car il m'écrit que lui et ses compagnons manquent de tout..... Et penser, après tout cela, qu'ils ne pourront plus rien faire pour la patrie!... » Et de grosses larmes coulaient sur ses joues.... « C'est surtout malheureux pour ceux dont les parens sont loin de leur route.... Comment feront-ils le voyage, au milieu de l'hiver, à pied, souffrant les plus cruelles privations?.... Enfin, je vais les voir, pauvres jeunes gens!.. Veux-tu venir avec moi?... Nous aurons

avec nous Catalina, et sa sœur, la beata. »
— « Oh! non, jamais..... » — « Mais.....
comment faire pour les secourir? » — «Mon
Dieu, je n'ai rien à moi!... Oui, oui, j'ai
quelque chose...., tu sais, les reliquaires
en or et les autres bijoux que ma grand'mère
et mes tantes me donnèrent en quittant mon
pays.... » — « Et qu'en feront-ils? Il faut
les vendre vite, et.... » — « Moi?... les
vendre?... Non, je les leur donnerai et ils
les vendront...; il les vendra. » — « Comment veux-tu qu'il puisse en faire de l'argent? Il est attaché à la chaîne, pour ainsi
dire.... On le volera.... Mais donne-moi ces
bijoux; je m'en charge. Ta grand'mère et
tes tantes trouveront leurs cadeaux bien em-
ployés, et ton cœur sera content. Laisse-moi
faire. »—« Bien, mais à une condition, c'est
que Cerrano ne saura jamais de quelle main
lui vient ce secours..., son orgueil l'empê-

cherait de l'accepter, et..., d'ailleurs, je ne veux pas qu'il le sache. Tu lui diras..., que sais-je?... oui, qu'un ami de son père lui avance cette somme. » — « D'accord; comme tu voudras.... » — « Surtout, n'en parle pas à ton frère. » — « Je te le promets. » — Je retournai à la maison.

J'avais renoncé volontairement à épouser Cerrano; son caractère m'avait rebutée. Quelques mois s'étaient écoulés depuis, et à mon âge c'était un siècle; aussi, je ne pensais plus à lui. Mais le savoir expatrié, malheureux, ne pas être, peut-être, étrangère à sa destinée, tout cela avait jeté le trouble dans mon ame. La première chose que je fis, en entrant dans ma chambre, fut de réunir les bijoux et les reliquaires : l'idée de les vendre répugnait à mon cœur. Je ne savais pas si je faisais bien, ou si je faisais mal.

Me dessaisir d'un don d'affection ressemblait à de l'ingratitude ; l'employer à soulager un ami dans la peine, et cela sans qu'il s'en doutât, faisait battre mon cœur de plaisir…. Je pris les reliquaires, je les baisai tendrement, en songeant à celles qui m'en avaient fait présent, comme pour me faire pardonner ; ensuite, je les arrangeai dans une boîte. J'avais laissé à dessein, pour le dernier, un petit crucifix en or, très bien sculpté, qui me venait de Mamita, et auquel je tenais plus qu'à tout le reste ; c'était pour moi une sorte de talisman…. J'aurais voulu le garder ; mais c'était de tous les objets celui qui avait le plus de valeur…. Je le baisai bien et long-temps, et je l'ajoutai au reste. Puis, j'envoyai la boîte à Mariquita, en lui recommandant de nouveau le secret.

Je fus agitée et préoccupée tout le reste de

la journée : je me reprochais de cacher à ma mère ce qui s'était passé le matin et ce que je venais de faire, mais je ne pus me décider à lui en parler. Une certaine pudeur de délicatesse m'empêchait de placer encore une fois le nom de Cerrano entre ma mère et moi. En craignant son improbation, le cœur me disait qu'elle porterait plutôt sur la personne que sur l'action elle-même, et je n'ai pu comprendre, à aucun âge, qu'on dût jamais s'abstenir de faire ce qui est bien en soi, par des considérations ou des convenances.

Lorsque la vérité frappe ma conscience de sa vive lumière, les fantômes de l'opinion ont beau se porter en foule entre elle et moi, ils ne sauraient l'obscurcir. L'Hypocrisie, les mains pleines de récompenses, l'Envie souriante et empoisonnée, la Vengeance et ses châtimens, toutes les furies de l'enfer peuvent m'affliger, m'effrayer, mais ne sauraient détruire cet instinct irrésistible qui m'entraîne vers la vérité. En la contemplant, je ne vois qu'elle, elle seule, je l'admire, je l'aime; mon imagination s'élève, je respire plus à l'aise, et je sens, à la joie, à la force, au saint enthousiasme qui s'empare de moi, que le but de mon existence est en partie rempli. Ma conscience est sévère alors; rien ne saurait la fléchir.

Cette disposition inébranlable à séparer le bien et le mal des conventions sociales et des préjugés du monde est sujette à de grands inconvéniens pour nous autres femmes, dont l'existence est si dépendante de l'opinion des autres, dont la conduite est embarrassée par tant d'entraves et de difficultés. Aussi, lorsque parfois, à mes risques et périls, j'ai eu le courage d'affronter la critique des sots, pour faire une bonne action hors du cadre des conventions, je suis sûre que Dieu m'en a tenu doublement compte. Je dirai plus, j'ai toujours observé que le grand monde même, en dépit de ses idées reçues et de sa rigueur habituelle envers nous, finit toujours par nous approuver, lorsqu'un sentiment noble nous porte au delà du cercle étroit qu'il nous a tracé : c'est un hommage qu'il rend, peut-être à son insu, à la justice et à la vérité !

Nous eûmes, comme à l'ordinaire, quelques personnes à dîner. On parla, à table, de l'armée française, des progrès de sa marche, de l'humanité du roi à Ocaña, et de divers autres sujets ; mais, des prisonniers, pas un mot. Le soir, Perico nous dit, en rentrant de la promenade, qu'ils étaient arrivés, et peut-être repartis. Je n'osai l'interroger sur eux, dans la crainte qu'il ne nommât Cerrano. Je redoutais le regard de ma mère.

Le lendemain matin, à peine fus-je levée, que Mariquita arriva,.... — « Je les ai vus... Tout a été fait comme tu pouvais le désirer... Ce pauvre Frasquito! J'ai bien pleuré en l'embrassant; mais aussi, je l'ai bien grondé de s'être laissé prendre par les Français. Il n'avait rien, rien du tout pour se vêtir, pas de linge..., pas même un cigare! Dieu merci, le voilà aussi bien pourvu que possible...; et..., quant à Cerrano....; mais promets-moi de ne pas te fâcher contre moi..... » Tout mon sang s'arrêta dans mes veines.... — « Qu'as-tu donc fait? » — « D'abord je lui ai donné l'argent qu'avait produit la vente de tes bijoux, en lui disant, comme nous en étions convenues, qu'il m'avait été remis par don Blas, l'ami de son père, qui était maintenant à Madrid, mais qui avait la goutte (tu sais qu'il est à Badajoz). C'est un mensonge, Dieu me le pardonne!..... Il l'a cru..... » — « C'est bien..., après?... » — « Après...; il faut que je t'avoue, en premier lieu, qu'en vendant les reliquaires je n'ai pas pu me décider à livrer au bijoutier le petit crucifix..... Une idée m'a passé par la tête, et je l'ai mis de côté... Ce signe de la rédemption, me dis-je, portera bonheur à Cerrano. Il n'est pas très bon sujet : qui sait? son malheur et la vue de ce bijou précieux le rameneront peut-être dans la bonne voie... Je ne trouve pas d'inconvénient à le lui donner de la part de Mercédès : ce n'est point de l'argent, il l'acceptera..... » — « Achève, pour l'amour de Dieu!... » — « Enfin, je le lui ai présenté, en te nommant... » — « Mais tu es folle, Mariquita! » — Et je me mis à pleurer..... Il le prit d'une main, sans rien dire, et levant l'autre, qui tenait encore la bourse que je venais de lui remettre... — « Ah !... don Blas ? dit-il en souriant, comme pour cacher une légère émotion.....; don Blas ? je le veux bien...; » puis il contempla un instant le crucifix... « Oui, elle le portait souvent..... C'est une bonne fille..., c'est dommage pourtant !... Tenez, Mariquita, je ne la valais pas. Mais que faire ?... » Et prenant un air plus léger, après une pause : — « Ces femmes sensibles, on ne sait comment les prendre : on croit les toucher légèrement, et on les écorche. D'ailleurs, je n'ai pas la main légère ; c'était un bois d'une autre écorce qu'il me fallait..... Dites-lui, Mariquita, qu'en baisant ce crucifix je penserai toujours à elle, et que je le baiserai souvent... » Alors il porta la croix à ses lèvres, la serra ensuite dans un petit porte-feuille, mit la bourse dans sa poche, alluma son cigare et se mit à fumer..... »

Je ne pouvais pardonner à Mariquita de m'avoir décelée à Cerrano. Indépendamment du devoir qui m'obligeait à ne pas réveiller son intérêt pour moi, et qu'elle venait de transgresser, elle me fit perdre, en partie, ce contentement du cœur que cause le mystère en pareille occasion ; elle flétrit cette fleur délicate qui, comme la belle-de-nuit, sent par instinct que l'éclat du jour nuit à sa beauté.

Ma santé était toujours chancelante. J'avais de la peine à m'acclimater. J'avais été amenée en Europe trop tôt ou trop tard, aussi mon corps et mon ame s'en ressentaient. Indépendamment du développement complet de mes facultés, à l'âge où l'on est encore dans l'enfance, dans les climats de l'Europe, le tableau de la vie s'était déjà déroulé à mes yeux sous les faces les plus graves et les plus frappantes. Une organisation forte et mobile, un sang ardent, me faisaient tout saisir avec véhémence. L'habitude d'être tant aimée dans mes premiers ans m'avait disposée à colorer toutes mes sensations d'une teinte d'affection, disposition si dangereuse pour le repos de l'ame. Un défaut d'harmonie, si j'ose m'exprimer ainsi, entre ma vie et mon âge, m'avait amenée à un état presque habituel de mal-aise. Je languissais souvent, sans être précisément malade; ou bien, par une réaction inattendue, mes nerfs s'irritaient, ma poitrine s'oppressait; je souffrais et je pleurais. J'étais obsédée par une mélancolie intérieure, que je tâchais en vain de vaincre. Des désirs vagues d'un bonheur fantastique, je passais au dégoût de ma vie de tous les jours. Tout me semblait insuffisant dans ce monde. N'ayant pas assez d'expérience encore, j'ignorais la puissance de la nécessité, et je me trouvais privée de cette force que donne la résignation. Je pensais souvent à la mort, et me plaisais à en parler, car je l'envisageais sans crainte; on aurait dit que j'avais plus peur de vivre que de mourir.

Pourtant, au milieu de cet état vague de souffrance, j'étais toujours enfant, insouciante et joyeuse par momens; et, dans ces courts intervalles, on m'aurait fort surprise, si on m'avait témoigné des doutes sur mon bonheur ou sur ma santé. Ma sœur, qui avait un caractère gai, se moquait de moi; le père Anselme m'imposait des pénitences; ma mère..., ma mère seule, je crois, me comprenait.

On faisait venir souvent le médecin; il disait toujours les mêmes choses, ou, plutôt, il ne disait rien; car il ne comprenait rien à mon mal. C'était un ancien médecin de ma mère, déjà âgé, très bon, et fort attaché à ma famille. Il me donnait toujours les mêmes médicamens, tantôt des calmans, tantôt des fortifians; mais tout cela ne me faisait pas de bien, ou me faisait du mal. Alors, il me regardait, puis se frappait le front et recommençait son régime, employant seulement, pour changer, les deux moyens à la fois.

Un jour, il eut, avant de me voir, une conférence avec ma mère, qui l'amena ensuite chez moi; puis, elle partit : Isabelle la suivit, et, contre l'habitude, on me laissa seule avec le docteur Rivez. Tout cela me parut bien solennel et me donna de la crainte. Il s'enfonça dans un grand fauteuil de maroquin, appuya ses coudes sur les bras, et ramenant ses mains l'une dans l'autre, se mit à faire claquer ses doigts, en détournant un peu ses yeux de moi, qui, debout devant lui, attendais qu'il m'adressât les questions habituelles. Il garda le silence encore un instant.... Je ne savais pas où il voulait en venir ; je commençais à craindre qu'il ne me préparât quelque amer et noir breuvage qu'il n'osait m'annoncer, connaissant mon dégoût pour tous les poisons de la médecine..... Enfin, il changea de position, sortit un peu du fond de son fauteuil, leva les yeux, puis, avec un sourire doux et un peu embarrassé, il prit ma main, en m'attirant doucement vers lui..... — « Eh bien ! mon enfant, comment cela va-t-il ?... Vous souffrez toujours ? » — « Mais, je souffre sans souffrir ; pourtant, je prends mon *quina*

bien exactement.... C'est si amer!... » —
« Et vous fait-il du bien?... »—« Cela m'ir-
rite.... » — « Quelle enfant!... quelle enfant!... » Et, comme s'il eût pris subitement
son parti... — « Eh!... écoutez, » me dit-il,
en me frappant légèrement la main avec ses
gros doigts.... « Écoutez, vous savez, chère
enfant, qu'un médecin est un confesseur,
qu'il faut lui tout dire sans craindre d'in-
discrétion de sa part... L'art de la médecine
ne suffit pas pour les maladies de l'ame....
Vous avez quelque chose qui vous affecte...,
n'est-ce pas?... » — « Moi? pas le moins du
monde.... » — « Quelque petit chagrin.... »
— « Nullement.... » — « Mais vous me
dites cela avec un regard triste.... » —
« C'est possible, car je souffre.... Mais, pour
l'amour de Dieu, ne me donnez pas de nouvelle potion!.... » — « Allons, plus de confiance....; là..., vous avez quelque amou-

rette dans le cœur?... » Je me mis à rire....
— « C'est tout? lui dis-je... Eh bien! j'en
suis quitte à bon marché. » — « Mais, vous
ne voulez donc pas répondre à ma question?... » — « Mais, oui... Je n'aime rien...
Eh bien! êtes-vous content? et pouvez-vous
me guérir maintenant?... »

XVI.

Nos rapports avec la Havane étaient tout à fait interrompus. Ma mère apprit vaguement par une voie indirecte qu'il était question de mettre le séquestre sur nos biens, nonobstant la qualité de mineures qui nous avait exemptées, jusqu'alors, ma sœur et moi ; et cela, parce que nos biens libres étant encore indivis depuis la mort de mon père, ceux de ma mère s'y trouvaient compris :

puis, mon frère ne s'étant point présenté pour réclamer les siens, son cousin, qui portait le nom de la famille, et qui, à défaut d'héritier mâle de notre branche, devait hériter de lui, avait fait le voyage de la Havane en Europe, pour réclamer près de la junte centrale (1) le titre, le majorat et la grandesse d'Espagne de mon frère. Comme on ne pouvait pas dépouiller un jeune homme de quatorze ans comme traître, on le disait mort. Tout cela était inique ; mais nous avions tout à craindre, à une époque où les lois étaient trop faibles pour lutter contre les passions.

Ma mère, inquiète de notre avenir et du

(1) Il ne vint qu'un an plus tard, et fit sa réclamation non pas près de la junte, mais près des Cortès.

sien, souffrait d'autant plus, que, dans la position où elle se trouvait, il lui était impossible d'agir. Toute démarche de sa part aurait été inutile ou dangereuse. En attendant la suite des évènemens, elle avait envoyé chercher mon frère à Paris : on avait révoqué, à cette époque, l'ordre qui le retenait en ôtage. Mais le sacrifice qu'elle méditait minait déjà sa vie. Ce calme extérieur, qui était auparavant chez elle l'effet de sa dignité et de ses nobles pensées, devint alors un signe d'abattement. Ses actions, ses paroles étaient les mêmes ; mais il était aisé de discerner qu'elle agissait par habitude, et non par suite de la tranquillité de son ame. Une préoccupation pénible et fatigante l'absorbait : elle avait l'air de voir en rêve ce qui se passait autour d'elle, tandis que sa vie réelle n'était qu'au fond d'elle-même, que dans son cœur et dans sa pensée... Et lorsque j'apercevais sur son front si beau, si rempli de jeunesse, de légers plis, imperceptibles peut-être à des yeux indifférens; lorsqu'un de ses regards troublés tombait par hasard à côté de moi, mon cœur frémissait de terreur; car il y avait de la mort là dedans!..... Mais je n'avais rien à craindre, car elle se portait bien, très bien..... Alors, pour justifier cette triste impression, je cherchais à me tourmenter, pour elle, de la perte de sa fortune, dont elle était menacée.

Je me rappelle combien je comprenais peu le prix des richesses à cette époque de ma vie, et combien j'étais indifférente à l'idée d'un changement de fortune. L'aisance dont j'avais joui jusqu'alors me semblait une manière d'être qui m'était naturelle; aussi je n'avais jamais songé aux inconvéniens de sa perte. D'ailleurs, j'étais

forte, jeune, bien portante ; il me semblait
qu'à l'aide de ces avantages on devait trouver, à tout évènement, des compensations.
Mais elle !.... ma mère ! cette fleur si belle,
si délicate, élevée avec tant de soin et de recherche, habituée aux jouissances raffinées
du luxe et de l'opulence ! et, bien que fort
jeune encore, arrivée déjà à l'âge où les habitudes sont entées dans la vie, et où on
ne saurait les en détacher sans un profond
déchirement... : comment aurait-elle la force
d'y résister ?... et comment se soumettre à
de telles privations sans beaucoup souffrir ?
Souffrir ! ce mot est parfois un levier pour
les ames courageuses, quand il s'agit d'elles-
mêmes... ; mais souffrir dans ce qu'on aime,
c'est un contre-coup qui ébranle toutes les
fibres du cœur.... ; une angoisse mortelle,
qu'on éprouve pour ce qu'on aime, et qu'on
sent dans ce qu'on aime ; une douleur trans-

mise et sympathique, que notre tendresse porte souvent au delà de la réalité, par cela même que nos propres moyens sont insuffisans à la calmer; et ce vague, cette inquiétude de l'ame, qui résultent alors de notre impuissance, nous font vivre avec anxiété dans l'objet aimé, nous le font suivre pied à pied dans toutes ses sensations, et finissent par le rendre adorable à nos yeux par la pitié....

Ces pensées de douleur n'étaient pourtant pas de longue durée chez moi : la mobilité de mon âge me portait bientôt à trouver une solution facile à tout. L'arrivée de mon frère devait être un sujet de bonheur pour ma mère : les Français, maîtres de presque toute l'Espagne, étaient déjà en Andalousie, et la junte centrale une fois dissoute, ses mesures seraient annulées, et nos biens, si toutefois on les avait confisqués, nous seraient rendus. Cet espoir me calmait, et je priais Dieu en secret de faire descendre dans le cœur de ma mère les mêmes consolations.

Un matin, ma mère me fit appeler : j'arrivai dans sa chambre. — « Mercédés, me dit-elle, le roi veut te marier..... » Je sentis mon cœur se troubler. — « Me marier ? » Et, en disant ces mots, j'avais vu déjà devant moi tous ceux qui pouvaient prétendre à ma main autour de nous..... — « Et à qui, maman ? » — « Au général Merlin.... » — « Mais je ne le connais pas, je ne l'ai jamais vu... » — « Tu le verras, et je ne promettrai rien sans ton assentiment. » — « Mais..., maman, je croyais que vous ne vouliez pas me marier à un étranger..... » — « Non, mais le général Merlin entre définitivement au service du roi Joseph, et restera en Espagne. Le roi l'attache particuliè-

rement à sa personne, et le fait, en le ma-
riant, capitaine-général de sa garde. Le général Merlin est un militaire distingué et fort
estimé. L'empereur vient d'écrire à son frère,
en lui demandant le général Merlin ou le général La Salle, pour commander une division
de cavalerie près de lui, en Autriche; mais,
comme le roi Joseph connaît particulièrement le général Merlin, il le garde et envoie
La Salle à l'empereur. Le roi tient beaucoup à ce mariage. Le général viendra ce soir
chez mon oncle; tu l'y verras, et nous en
causerons. »

Le roi Joseph, comme tous les membres de
la nouvelle dynastie française, désirait enga-
ger les intérêts des familles, dans les pays
qu'ils gouvernaient, par des alliances avec
des Français; il avait témoigné plusieurs fois
à mon oncle le désir de me marier avec quel-

qu'un des officiers attachés à sa personne; mais ma mère avait jusqu'alors refusé d'y consentir, à cause de ma famille.

Je fus préoccupée toute la journée : j'éprouvais une crainte secrète, à l'idée de remettre mon sort dans les mains d'un inconnu et d'un étranger. L'essai malheureux que j'avais fait une fois de ma volonté m'avait rendue timide, et, bien que je fusse encore loin de comprendre toute l'importance des liens du mariage, le résultat de ma légèreté me fit sentir, cette fois-ci, le besoin de m'appuyer sur l'expérience de ma mère; il me semblait qu'elle ne pouvait pas se tromper : d'ailleurs, je lui devais cette preuve de confiance et de soumission, après la conduite admirable qu'elle avait tenue envers moi. Je me décidai donc à la laisser maîtresse de mon sort, si toutefois je n'éprouvais pas de répugnance pour la personne qu'on me proposait pour mari.

On m'avait fait envisager, dès mon enfance, le mariage comme une nécessité pour une femme, à moins qu'elle ne se fît religieuse, ce à quoi je ne me trouvais nulle vocation; et, comme je commençais à sentir ce besoin d'amour et d'appui, si nécessaire pour compléter ma vie, je m'habituais à regarder cet engagement comme une condition attachée à mon bonheur. Quant au devoir et à la durée, je n'y songeais guère. Le devoir me paraissait une manière d'être simple, dont je ne calculais pas la portée, mais qui se trouvait en harmonie avec les idées d'ordre et de morale que j'avais reçues; et la durée, à mon âge, était, à la vérité, grande, étendue, immense comme l'espace, comme la voûte des cieux ; mais je n'avais jamais songé encore à la mesurer.

Toutefois, le désir de liberté qui tourmente, en général, les jeunes personnes, je ne l'éprouvais pas ; car, nonobstant mon caractère indépendant, j'ai toujours porté le joug imposé par la main que j'aime, avec autant de plaisir que d'autres en éprouvent à le secouer ; et, comme j'aimais ma mère avec idolâtrie, j'étais heureuse de dépendre d'elle. Du reste, le goût des fêtes, des parures, des équipages, ne m'occupait nullement : les fêtes étaient rares à Madrid, le luxe pas assez raffiné pour faire partie du bonheur, et les jouissances de la vanité ont peu de cours parmi les Espagnols, dont le caractère grave et simple dédaigne celui qui veut l'éblouir par du clinquant.

Le soir, le général Merlin fut présenté à ma mère. Son extérieur me parut froid et sévère ; il me sembla plus homme du nord que les autres Français, qui l'étaient déjà beaucoup à mes yeux, peu habituée, comme je l'étais, aux teints blancs et aux yeux bleus : tout cela, sans me déplaire, m'en imposa d'abord. Du reste, Merlin était un beau militaire : il portait son uniforme de hussard, pour lequel il conservait une prédilection, et il le portait à merveille ; il me parut simple et naturel dans ses manières, bien qu'un peu timide, sans doute parce qu'il désirait plaire : voilà tout, et c'était assez pour une première entrevue.

Il y a quelque chose dans l'état militaire qui plaît aux femmes, et qui tient sans doute à cet attrait qui les pousse vers la force, et à l'abnégation de la vie, qui sympathise avec leur nature dévouée. Ces sentimens se trouvent parfaitement d'accord avec les idées d'appui et de protection dans le mariage, si douces à leur cœur : aussi, il est rare qu'une femme de militaire ne s'attache pas tendrement à son mari : les dangers continuels auxquels il est exposé, tiennent son cœur en éveil; puis, quand l'heure du repos arrive, elle est là, qui sent le besoin de le dédommager, par ses soins et son attachement, des dangers et des privations passés..... Il y a quelque chose de si profondément touchant pour une femme à se dire : « Il a besoin de moi, son bonheur lui vient de moi : il n'a trouvé ailleurs que souffrances et soucis; mais, près de moi, son cœur se dilatera de plaisir.....: chaque attention, chaque peine, chaque sacrifice de ma part ajoutera à son bien-être, aux jouissances de sa vie !.... »

D'ailleurs, les militaires sont très sensibles, en général, aux soins qu'on a d'eux, parce qu'ils n'ont pas été gâtés, au bonheur intérieur, par cela même qu'ils en ont été privés la plus belle partie de leur vie : et la bonté, la facilité à vivre chez eux, font d'autant plus de plaisir, qu'on s'attend, à cause de leurs habitudes, à les trouver despotes et indomptables.

Le général Merlin ne tarda pas à être amoureux comme un fou, et à m'inspirer de la confiance; car mes doutes sur la sincérité humaine, comme les nuages du matin à l'approche du soleil, se dissipaient à la moindre marque d'intérêt ou d'attachement : il est vrai qu'il y avait quelque chose de si vif et de si vrai dans son amour pour moi, que je commençais à croire qu'il était possible que les hommes du nord fussent moins froids que je ne l'avais pensé d'abord.

Le général H. S..... était revenu à Madrid depuis peu. A la nouvelle de mon mariage, il s'éloigna de chez ma mère, vint même rarement chez mon oncle, et m'adressait à peine la parole : tout annonçait la gêne dans sa conduite et dans ses manières envers moi. Un jour, le général Dessolles me dit : « H. S..... a l'air fâché de votre mariage !... » — « C'est, répondis-je, qu'il n'y pense pas ; » car, s'il y pensait, pourquoi le serait-il ? »

Un soir, le général Merlin arriva, fortement agité, et cachant à grand'peine sa colère. M'apercevant de son altération, j'allais lui en demander la cause, lorsqu'il prévint ma question.— « Je sais, mademoiselle, » qu'on veut me nuire dans votre esprit.... » H. S.... m'a joué un tour, hier au soir, dont

» peut-être vous avez déjà des nouvelles !...

» —Moi? pas le moins du monde...—Hier,

» devant plusieurs personnes, il a dit, dans

» la loge du roi, en voyant danser Vic-

» toriana, et s'adressant à votre oncle :

» Tenez, voilà la maîtresse de Merlin.....

» Votre oncle ne vous en a rien dit?...—Et

» quand il me l'aurait dit, je ne l'aurais pas

» cru!...» Et je disais vrai ; car j'honorais

déjà le caractère de celui qui allait devenir

mon mari, et il ne me serait pas entré dans

l'esprit qu'il voulût tromper une pauvre

jeune fille, qui lui remettait avec tant de

confiance sa personne et son bonheur.

Le général Merlin fut touché de la simpli-

cité de ma réponse. Il garda le silence un

instant ; puis, avec cette candeur que l'on

conserve à tout âge et dans tous les états,

lorsque le cœur est honnête et les intentions

pures, il me raconta, autant que cela se pouvait, les motifs qui avaient donné lieu à la malice du général H. S..... J'ajoutai foi à tout ce qu'il me dit, et fis en sorte de calmer son courroux contre H. S....., dont l'intention, évidemment, avait été de lui nuire dans ma famille. Ma tâche ne fut pas difficile alors; car le général H. S....., en provoquant une explication entre nous, l'avait mis dans le cas de n'avoir plus rien à craindre : d'ailleurs, le bonheur rend indulgent, et ma confiance l'avait touché jusqu'au plus profond du cœur.

Cette légère circonstance de ma vie me suggère une réflexion, bien qu'elle ne réunisse pas les circonstances nécessaires à la rendre tout à fait applicable. Je n'ai jamais compris cette nature de femmes qui attachent une certaine idée de triomphe aux querelles entre hommes qu'elles excitent ; ces femmes qui, soit par une vanité mal entendue, soit qu'elles se trouvent plus vulnérables que d'autres dans leur caractère ou dans leur réputation, cherchent à faire peur à ceux qu'elles redoutent, en poussant, l'épée à la main, celui qui s'intéresse à elles ; qui croient fixer l'étendue de leur mérite par la valeur de la vie d'un homme, comme si la vertu ou la beauté, pas plus que l'honneur, pouvaient se trouver au bout d'une balle. Cette disposition est si en dehors de la nature généreuse d'une femme, qu'elle dégoûte et révolte à la fois : heureusement qu'elle est rare ; mais elle se rencontre, et c'est trop.

Sans doute, la femme est née pour être protégée ; mais que cette protection lui arrive à son insu, quand elle entraîne un sacrifice

ou un péril : alors, convaincue comme elle
l'est, que sa vie est vouée à l'abnégation, sa
propre générosité exalte sa reconnaissance,
qui devient alors de l'adoration pour son pro-
tecteur. Mais celle qui a le sentiment de sa mission dans ce monde n'accepte ou commande
un sacrifice que lorsque la gloire et le profit retombent sur celui qui le fait : encore,
pour que son cœur fût complètement heureux, il faudrait qu'elle pût le partager.

XVII.

Mon mariage fut décidé ; mais ma mère y mit la condition qu'il n'aurait lieu que lorsqu'elle aurait reçu des nouvelles de l'état de ses affaires. Elle ne voulait pas me donner à mon mari sans y ajouter les avantages de fortune que j'avais le droit d'attendre. Mais le général Merlin fut intraitable sur ce point..... « Je ne veux que votre fille...., » votre fille seule.... : si ses biens lui sont » rendus, elle en profitera, et j'en serai heu-

» reux pour elle ; mais, quant à moi, je n'en » ai que faire, et le peu que j'ai est à elle » en attendant..... C'est elle, elle seule que » je vous demande. » Ma mère résista : alors il eut recours à ma tante, à mon oncle, au roi, à tout ce qui pouvait avoir de l'influence sur ma mère, et cela avec cette véhémence et cette force de volonté qui se ressentaient de l'époque. Enfin, ma mère céda, et le jour du mariage fut fixé dans le plus court délai.

Ma sœur et Perico s'aimaient. Leur mariage avait été projeté par leurs parens depuis leur enfance, pour resserrer encore les liens d'amitié qui les unissaient. Mais l'exécution de ce projet avait été remise à une époque plus éloignée, tant à cause de la crise politique dans laquelle nous nous trouvions, et des soucis qui en résultaient pour nos familles, que par la grande jeunesse de ma sœur. Ils s'étaient résignés d'assez bonne grace jusqu'alors ; mais à peine mon mariage fut-il décidé, qu'ils se trouvèrent plus malheureux du retard imposé au leur : ils prièrent. Le général Merlin s'interposa encore, et il fut décidé que le double mariage aurait lieu le même jour.

Grandes furent la joie et l'agitation dans la maison. J'occupai ce court laps de temps, en grande partie, à des pratiques de religion ; mais, lorsque j'étais livrée à moi-même, un trouble secret s'emparait de moi, à l'idée d'un si grand évènement... : c'était un mélange de crainte et d'enfantillage, au milieu duquel la seule idée distincte était le chagrin de me séparer de ma mère.

Ma sœur restait près d'elle, dans la même maison. La famille de son mari était la sienne :

Perico avait été élevé avec elle, ils se tu-
toyaient depuis l'enfance; il était son ami,
son frère, avant d'être son mari; au lieu que
moi, en franchissant le seuil maternel, je
disais adieu à mes parens, à mes habitudes,
en partie à ma langue natale, et j'allais me
trouver en face d'un étranger que je connaissais à peine!...

Et pourtant, je le dirai dans toute la sincérité de mon cœur, j'avais du chagrin à
l'idée de quitter ma mère, mais je n'avais
pas de craintes pour mon bonheur. J'ai
éprouvé, à toute époque de ma vie, une inquiétude vague sur l'avenir. De loin, la
crainte l'emporte sur l'espérance. Je suis
poltronne à l'aspect de la douleur, lorsque
je la vois à distance, et incertaine; mais à mesure que les grands événemens de la vie se
rapprochent de moi, une sorte d'insouciance

courageuse qui tient du fatalisme s'empare de moi. Soit qu'entraînée par ma volonté j'aie poussé la roue du haut de la pente, soit que, par instinct ou par raison, j'aie senti qu'il était au dessus de mes forces de l'arrêter ou de la diriger, j'ai toujours marché droit devant moi, sans hésiter, et, au fond, avec une certaine confiance en mon étoile. Imitant alors les bons nageurs, lorsque le courant m'emporte, je reste immobile et laisse faire, dans la crainte qu'un faux mouvement ne m'entraîne au fond.

C'était donc avec confiance, sinon avec calme, que je m'embarquais dans l'affaire la plus grave de ma vie, et je n'ai jamais pensé à m'en repentir; car le cœur de mon mari était un cœur noble et bon, qui ne s'est jamais démenti. Il m'entoura de soins et de tendresse, lorsque j'étais au milieu de ma famille : quand des évènemens imprévus me séparèrent de mes parens, de mes amis, et me lancèrent sur une terre étrangère, mon bonheur devint alors, pour lui, une mission sacrée ; et si, parfois, quelques regrets se sont réveillés au fond de mon cœur, au souvenir de mon pays et des miens, ce sont les habitudes et les affections dont je sentais le besoin, mais non l'appui.

La veille de mon mariage, je fus de bonne heure à San-Ginès. Mes pensées de jeune fille, émues et agitées comme la mer à l'approche de la tempête, ne se calmaient qu'à l'église. J'étais très pieuse, comme je l'ai déjà dit : l'idée de la présence de Dieu dans le temple absorbait toute autre idée dominante chez moi, ou s'unissait à elle par la prière. Alors ce mélange de crainte et de faiblesse, d'affections terrestres et périssables, qui m'auraient fait rougir devant les hommes, je les présentais avec amour et confiance devant Dieu, et je n'étais pas honteuse d'étaler ces lambeaux de misère en face de tant de grandeur..... Mes soucis s'évanouissaient alors, et des torrens de joie et d'espérance venaient inonder mon ame..... Non, il n'y a rien de comparable, dans la vie humaine, aux douceurs ineffables qu'excite la communication intime avec Dieu, par la foi; et lorsque ce saint enthousiasme agit sur une créature pure et neuve, qui cherche le bien, et n'a point encore été flétrie par le regret ou le remords, il serait à désirer qu'un ange, descendant du ciel, l'enveloppât de ses ailes et l'enlevât du théâtre du monde, comme une vapeur légère, dont il ne resterait que le parfum.

Je communiai : je priai Dieu avec ferveur

de me rendre agréable à mon mari et de me
donner les moyens de faire son bonheur:
puis je rentrai à la maison.

Avant d'arriver à la porte, nous aperçûmes un groupe qui, arrêté au milieu de
la rue, écoutait une publication. Tout en
nous approchant de la foule, je remarquai,
non sans crainte, l'air sinistre empreint sur
les visages. Lorsque nous fûmes assez près,
j'entendis le crieur annoncer l'exécution de
deux jeunes déserteurs espagnols, pour le
lendemain, à midi.... J'éprouvai une vive
émotion.... Mon mariage devait avoir lieu
le même jour. A la veille d'un si grand évé-
nement, nerveuse et agitée, j'étais prête à
voir un pressentiment de bonheur ou de
malheur, dans le moindre incident hors de
la règle commune.... Puis, l'idée de ces
jeunes gens expirans, au moment où la vie

s'ouvrait devant moi; de ces familles au désespoir, pendant que la mienne allait être
dans la joie des noces... : ces idées me ser-
rèrent le cœur; je rentrai à la maison, émue
et tremblante.

Bientôt, d'autres pensées vinrent me distraire de cette pénible impression. Les préparatifs pour le lendemain absorbèrent,
en partie, mon attention, et, bien qu'il n'y
eût rien que d'agréable pour moi dans
tous ces arrangemens, je fus réservée et recueillie toute la journée. Pepita et Perico
m'en firent des plaisanteries.... « Tu n'es
donc pas heureuse de te marier, puisque tu
n'es pas gaie?... » disaient-ils.

Ils avaient tort. Le bonheur est un sentiment profond qui se concentre plutôt qu'il
ne se porte au dehors. Comme toute grande

puissance qui agit vivement sur l'ame, il y répand une teinte légère de mélancolie, soit par la crainte qu'il ne nous échappe, soit par cet instinct secret qui nous fait pressentir les bornes de nos facultés, et qui pourtant, par son existence même, nous avertit que, d'un autre côté, notre horizon est infini.

Mon sommeil fut interrompu par de tristes rêves. A peine avais-je fermé les yeux, que les pauvres condamnés se présentèrent à mon imagination, accompagnés de tous les incidens affligeans de leur supplice. C'étaient de braves gens, issus de bonnes et honnêtes familles. S'ils avaient déserté, c'était par un patriotisme bien ou mal entendu. Cette action, louable aux yeux des uns était un crime aux yeux des autres, et, pendant qu'ils étaient condamnés à Madrid par un tribunal légal, et fusillés à la plazuela de la Cebada, à quelques lieues de là, il était reconnu, par un autre tribunal légal, qu'ils avaient bien mérité de la patrie, et on leur décernait des couronnes civiques.... Et, à la suite de ces idées, j'attachais, pour la première fois, l'idée fatale de *condamnation pour délit politique*.... Je frémis et ne compris plus la justice des hommes.

L'heure fixée pour notre mariage était trois heures, et, à midi, on se mit déjà à me coiffer; car un des priviléges des grandes cérémonies, c'est de prolonger le supplice des toilettes. On plaça sur ma tête un petit diadème en or et en diamans; puis, quand cela fut fait, je me levai pour faire place à ma sœur, et restai debout, appuyée à la glace dont elle se servait à son tour.

Ma mère, en face de moi, me regardait,

et, comme toute bonne mère, en pareil cas, s'extasiait sur ce qu'elle appelait ma beauté; mais bientôt mes regards distraits et mon air préoccupé la frappèrent.... Elle se tut et continua à me regarder.... Je compris sa pensée, et j'aurais voulu lui dire qu'elle se trompait; mais comme elle ne me faisait pas de questions, je gardai le silence.

Mon diadème me pesait, les épingles qui relevaient mes cheveux me faisaient mal.... J'étais inquiète, mal à l'aise...; j'étais frappée de pressentimens... : c'était l'heure de l'exécution.... Je regardai ma mère; ses yeux semblaient chercher avec anxiété à deviner mes pensées...; elle souffrait aussi, mais pour une autre cause; elle éprouvait un mouvement de crainte pour mon bonheur.... Je le devinai, et n'hésitai plus à dissiper son erreur...—«Il est midi... : que

cette heure est triste pour moi, aujour-
d'hui!... N'est-ce pas, maman, que vous y
pensez aussi?... » — « Ah! oui... : c'est
cela qui t'occupe donc?... » Nous entendîmes, dans ce moment, un bruit éloigné
dans la rue....; ma mère se tut et prêta
l'oreille.... Il devint plus distinct. C'était
du monde qui marchait, qui parlait, qui
criait.... Je n'osai paraître coiffée sur le
balcon...; d'ailleurs, tout me faisait peur,
ce jour-là. Mais les autres personnes qui se
trouvaient autour de nous y coururent
avec précipitation.... — « On entre! on entre
dans la maison!... Mais il ne faut pas s'en
effrayer; car ils crient, *viva, viva*, et tout
le monde a l'air gai....» Néanmoins, nous
fermâmes soigneusement nos portes.

Un instant après, Isabelle frappa en
criant : « Sortez, señorita Mercédès, sortez,

ne craignez rien...; on vous demande.... »
Le bruit approchait, et nous ne doutâmes
plus que la foule ne suivît Isabelle. Nous ou-
vrîmes la porte.... Aussitôt je me vis entou-
rée de femmes qui se jetèrent à mes pieds,
me baisèrent les mains, et finirent par me
prendre dans leurs bras, avant que je pusse
savoir le sujet d'un tel transport. — « Le
brave, le brave général !... Vous serez heureuse !... Si vous les aviez vus ! Ils étaient à
moitié morts ; plus, presque morts déjà !....
Mais il les a sauvés... Le brave général ! Vous
serez heureuse !... » Et je devinai tout sans
rien comprendre, et mon cœur, gonflé d'émotions, suffoquait sous le poids du bonheur qui
m'entourait.

Au milieu de ce tumulte, arriva une
femme haletante, pâle, et portée par d'autres femmes qui l'accompagnaient. D'abord,

je ne pus entendre ce qu'elle voulait me dire; car elle était dans un état presque convulsif, et sa voix tremblante ne formait que des sons inarticulés. Elle se calma par degrés, nous la fîmes asseoir, et alors, seulement, je pus comprendre qu'elle était la mère de l'un des déserteurs, que c'était elle qui, ayant appris le matin, que le général Merlin se mariait, avait eu l'idée, dans son désespoir, d'aller le prier de demander au roi la grâce de son fils et de son compagnon....

—« Ah! que Dieu m'inspira bien! s'écria-t-elle. J'arrivai avec ma fille que voilà, avec mes amies et les deux sœurs de l'autre jeune homme condamné. Le général était déjà levé. Il ne nous comprit pas d'abord; nous parlions toutes à la fois et en espagnol. Mais lorsqu'il devina de quoi il s'agissait, je m'aperçus, aussitôt, à son émotion, qu'il allait faire quelque démarche pour nous.... Effectivement, il prit son chapeau tout de suite; sa main tremblait.... Je crus mon fils sauvé.... » — « Suivez-moi, me dit-il, et attendez-moi à la porte du palais. » — « Je me traînais plutôt que je ne marchais.... Nous arrivâmes après lui et nous restâmes sur la place..., je ne sais combien de temps, mais il me parut bien long, et je me sentais mourir.... Onze heures et demie sonnèrent à Santa-Isabel.... Le son de la cloche frappa si fort mon cœur, que je tombai à genoux.... Je fermai les yeux, et je crus, pendant un instant, que j'avais cessé de vivre.... Je fus retirée de cet état par les cris de mes compagnes....; j'ouvris les yeux, et je vis le général en face de moi, qui, alongeant un papier qu'il tenait à la main, me cria : » — « La grâce! la grâce de votre fils!... » —

« Je ne sais ce qui se passa après, car je tombai sur le carreau... Raconte, petite... »

Et sa fille, qui l'avait écoutée jusqu'alors, en la regardant avec ses grands yeux noirs remplis de larmes, reprit :

« Deux de mes compagnes restèrent auprès de ma mère. Il était près de midi... La crainte d'arriver trop tard nous empêchait de marcher. Nous n'étions pas au bout de la place, lorsqu'une ordonnance, envoyée par le général Merlin, sortit du palais et s'avança pour porter l'ordre de suspendre l'exécution. Mais, au lieu d'aller droit vers la plazuela, il fut à la prison. Les condamnés étaient déjà partis.... Nous, sans le savoir, et par une inspiration du ciel, nous courûmes directement vers la place, et trouvâmes, à l'entrée, le cortége, qui s'avançait vers le lieu de l'exécution. Mon frère et son ami étaient accompagnés de deux prêtres dominicains et suivis des soldats qui allaient les fusiller.... Ils avaient la tête baissée.... Ils étaient si changés et moi si troublée, qu'à peine si je distinguai d'abord celui qui était mon frère.... Aussitôt qu'on leur lut l'ordre de grâce du roi, mon frère se jeta dans les bras du dominicain..., puis dans les miens; mais à peine si je pouvais le soutenir, car il défaillait.... Quant à son compagnon, on le crut mort d'abord; il paraît qu'il n'était qu'évanoui. On les a ramenés en prison, où ils ne resteront que deux mois. »

« Ma mère arriva bientôt pour embrasser mon frère, qu'elle trouva encore sur la place.... Il fallait voir cela!... Pauvre mère!!!... » Et la jeune fille s'arrêta pour l'embrasser et la combler de caresses ; puis elle continua : « Ma mère, malgré sa faiblesse, voulut ensuite retourner chez le général, qui a répondu à ses remercimens, en l'envoyant chez vous, mademoiselle... »

Oh ! que j'aimais le général Merlin, dans ce moment, et qu'il me tardait de le voir pour lui dire tout ce que j'éprouvais !... J'étais aussi vivement touchée de la bonté du roi, qui avait voulu consacrer mon mariage par un trait d'humanité ; c'était un beau cadeau de noce.

Mes émotions de ce jour furent si vives et si multipliées, que souvent une vie entière n'en offrira pas autant.

Le général Merlin ne tarda pas à arriver. Il nous raconta son trouble, lorsqu'en entendant les prières de ces femmes il conçut l'idée de sauver les deux Espagnols; son bonheur, en pensant à l'impression que j'en recevrais; ses inquiétudes, lorsqu'on lui dit, chez le roi, que personne, sans exception, ne pouvait entrer dans son cabinet avant midi; la résolution qu'il prit de forcer la porte, encouragé par cet enthousiasme qu'on éprouve lorsqu'on est soutenu par l'idée de faire le bien; enfin, la bonté du roi en lui accordant la grâce des condamnés. Que mon mari me parut bien alors! Il me semblait que je le connaissais depuis long-temps, que nous avions parlé toujours la même langue. Tous les mauvais présages de la veille disparurent, et je sentis qu'il était bien doux de se marier sous la sauvegarde d'une bonne action.

XVIII.

Ma tante M...., ne pouvant plus supporter le voisinage des Français, était partie
pour l'Andalousie depuis peu; cet éloigne-
ment lui évita le déplaisir de me voir mariée à un général français. Lorsqu'un de
nos amis lui apprit cette nouvelle à Cadix,

elle s'écria en se frappant le front : —
« Elles sont donc devenues folles, folles à
lier ?... »

Huit jours après mon mariage, Merlin
fut obligé de partir, pour rejoindre le roi
en Andalousie, et je retournai demeurer
chez ma mère.

Il me fut bien doux de me retrouver près
d'elle ; mais je n'étais plus la même. Les objets qui m'entouraient n'agissaient plus sur
moi, comme quelques jours auparavant, et
j'en éprouvais un sentiment de regret et
presque de remords. Mon affection pour ma
mère était aussi vive ; mais je sentais qu'elle
n'était plus la seule, et je regrettais mon
mari et sa tendresse. Une nouvelle vie était
venue compléter ma vie, de nouveaux devoirs
s'y trouvaient attachés, et je confondais le

bonheur de les remplir avec le bonheur d'être aimée.

Merlin m'écrivait très souvent; mais j'étais toujours inquiète, parce que je le savais exposé à tous les dangers d'une guerre de partisans. J'étais aussi fort tourmentée de l'état de ma mère, qui, sans être malade, languissait et semblait être en proie à des chagrins secrets. Tout mon espoir était dans l'arrivée de mon frère, que nous attendions d'un jour à l'autre.

Les troupes françaises étaient, depuis quelques mois, en Andalousie. Le roi Joseph et ses ministres se trouvaient toujours entre les Espagnols et leurs ennemis, calmant l'irritation des uns et la violence des autres. Les Français, animés chaque jour davantage par le ressentiment qu'éveillait en eux cette guerre

à coups d'épingle si difficile à parer, et
contens toutes les fois qu'ils pouvaient
prendre leur revanche dans une bataille
rangée, avaient été sur le point, à Ocaña,
de violer les droits de la guerre et de l'humanité, en refusant quartier à leurs ennemis vaincus. Culbutés par la cavalerie, per-
cés de coups de lance, pilés sous les pieds
des chevaux, les Espagnols ne pouvaient
même demander grâce; ils n'avaient que le
temps de mourir. Le roi Joseph arrêta les
vainqueurs furieux, et sauva la vie à une
grande partie des prisonniers, dont le nombre total fut de vingt mille hommes.

Les villes de Grenade et de Jaen ne furent délivrées des horreurs d'un siége que
par l'influence des ministres espagnols, particulièrement du général O'Farrill et de don
Miguel d'Azanza. En même temps qu'ils

agissaient par le pouvoir du roi sur l'armée française, ils calmaient et ramenaient souvent les villes, en dépit de l'effervescence des passions, par le respect que leurs noms inspiraient encore en Andalousie.

Séville ouvrit ses portes aux Français. Les membres de la junte centrale, dispersés, furent maltraités et même détenus par les populations des villes qu'ils trouvaient sur leur passage.

Le peuple espagnol, exaspéré, ne voyait que trahison là où il n'y avait que malheur et faiblesse. Tout ce qui cédait était coupable à ses yeux, et ce n'est qu'à grande peine que la junte centrale se réfugia à Cadix, tandis que celle de Séville se constituait junte suprême à son tour, et traitait les membres de la junte centrale de fuyards,

qui, après avoir ruiné la patrie, l'abandon-
naient à l'ennemi. Mais ce nouveau gouvernement ne tarda guère à être dispersé à son
tour par l'armée française, qui entra à Séville.

La junte centrale qui se réfugia à Cadix
fut dissoute et remplacée par un conseil de
régence de cinq membres, qui réunit les
Cortès extraordinaires, dont les sessions com-
mencèrent à l'île de Léon, le 24 septembre
de la même année.

Là, repoussées par la force qui avait fait
plier toutes les puissances de l'Europe, brisées, refoulées jusqu'aux bords de la mer,
dépouillées de tout moyen d'existence, mais
soutenues par le sentiment d'une bonne cause
et d'un ferme vouloir, les Cortès élevèrent
encore de nouveau le palladium national, et
surent, par le moyen d'une sympathie sa-

crée, s'entendre avec la nation à travers les légions ennemies, la diriger, commander les débris de la force armée, créer et mettre en vigueur une constitution.

Mon mari revint à Madrid et je retournai chez lui. Je pris en peu de jours un certain aplomb dans l'exercice de mes devoirs, dont mon mari s'amusait quelquefois, parce qu'il me regardait plutôt comme une enfant, comme un joujou, que comme une véritable femme. Néanmoins je mis bon ordre en toute chose dans mon intérieur. Je sentais une espèce de bonheur secret à mettre en pratique tous les principes de religion et de morale qu'on m'avait enseignés dans mon enfance.

Cette époque a été la plus belle de ma vie. J'aimais mon mari sincèrement, et j'é-tais heureuse de son amour pour moi, qui était extrême. Mes devoirs s'accordaient avec mes affections, mes désirs avec mes moyens de les satisfaire. Connaissant à peine les plaisirs du monde, j'ignorais ces habitudes qui deviennent une nécessité, malgré le vide et l'amertume dont elles sont souvent accompagnées; et ce trop-plein de l'imagination et du cœur qui reste après que la vie réelle est satisfaite, je l'employais à aimer Dieu : n'ayant pas de vertu à exercer, puisque je n'avais ni passion à dompter, ni malheur à supporter, je m'étais proposé de me rendre agréable à ses yeux, en conservant, avec un grand scrupule de conscience, la plus grande pureté dans ma conduite, dans mes intentions et dans mes pensées les plus intimes. Je m'observais toute la journée, et s'il y avait quelquefois un peu de gêne dans cette crainte de faillir, j'en étais bien récompensée par la douceur qui résulte du contentement de soi-même et de la paix intérieure avec Dieu : et lorsque le soir, à genoux auprès de mon lit, les yeux fermés, je faisais l'examen de ma journée, si je la trouvais pure de toute faute, si je pouvais la relever encore par une action méritoire, je sentais une joie douce qui se répandait sur mon cœur ; mon amour pour Dieu devenait plus ardent, et je me couchais avec la ferme résolution de faire aussi bien le lendemain.

Je menais une vie fort retirée ; mais je ne m'ennuyais jamais. On croyait mon mari jaloux et soupçonneux, cela n'était pas ; mais il me soignait et me guidait, parce que j'étais fort jeune, et que je marchais sur un terrain glissant.

Nous étions très souvent invités au palais :

c'était surtout là où la surveillance de mon mari redoublait; mais elle ne me gênait en rien, parce que je n'avais nul intérêt à la mettre en défaut, et que, connaissant la fierté de mon caractère, il avait le soin de la ménager, en me témoignant la plus grande confiance. D'ailleurs, quand il m'expliquait les motifs qu'il avait pour agir ainsi, je me trouvais toute disposée à le seconder de mon mieux. On disait le roi fort galant, et, lorsque nous en causions, je disais à mon mari, gaî-ment : « Allez, soyez tranquille; si j'étais » assez malheureuse un jour pour oublier » mes devoirs, ce ne sont point les mérites » d'un roi que vous auriez à craindre. » Un jour, pourtant, je me fâchai contre Merlin, bien que ce mouvement de mécontentement fût de courte durée.

C'était à la Casa del Campo. Nous venions de faire une promenade sur l'eau. On débarqua à la brune, par un temps superbe. Quelques messieurs descendirent d'abord, pour donner la main aux dames, qui sautèrent à terre l'une après l'autre. J'étais la dernière à sortir. Le roi, qui avait tenu le gouvernail, était resté dans le fond de la chaloupe : il me fit descendre, me garda à son bras, et continua à marcher sur le bord de l'eau, dans la même direction qu'avaient prise les premiers débarqués. Il me parlait de choses peu importantes, ou ne me parlait pas : tout cela était fort simple. Mais le jour fuyait et la nuit approchait : les personnes qui nous précédaient marchaient vite, et nous restions en arrière..... Pourtant, nous n'étions pas seuls ; car j'avais aperçu mon mari qui nous suivait, d'abord à distance,

puis s'approchant tout à coup, sans regarder le roi, et s'adressant à moi, il me dit
avec un ton de maître que je ne lui connaissais pas encore : « Vous feriez bien de mar-
» cher plus vite, et de rejoindre ces dames. »
Je fus surprise et blessée de cette apostrophe.
Partagée entre la colère et la timidité, je ne
me sentais pas disposée à lui obéir, d'abord
parce que ma fierté était choquée, ensuite par
égard pour le roi; et pourtant je craignais
que ma résistance, en l'irritant, ne le rendît
plus inconvenant encore vis à vis du monarque. — « Je ne puis marcher plus vite; j'ai
» mal à un pied, » lui répondis-je avec un air
apparent de calme, comme si j'eusse trouvé
son observation toute simple. « Marchez à
» votre aise, » me dit le roi, du même ton,
« je ne suis pas pressé. » J'accélérai pourtant
le pas, mais aussi doucement que je le pus,

pour que ni l'un ni l'autre ne s'en aperçût. Mon mari nous suivit, et nous rejoignîmes bientôt le reste de la société.

En rentrant chez moi, je me plaignis à mon mari de ses paroles. Il me dit que ce n'était pas à moi qu'il avait voulu s'adresser, mais au roi ; que, ne pouvant pas le faire directement, il avait pris ce moyen de se faire comprendre : il me fit des excuses et trouva bientôt moyen de me calmer.

Peu de jours après, mon mari était auprès du roi, avec quelques autres personnes. La conversation tomba sur les femmes. « Gé- » néral Merlin, lui demanda Joseph, si un » roi faisait la cour à votre femme, que fe- » riez-vous ? » — « Je le tuerais, sire. » — « Ce Merlin est intraitable, » reprit le roi, en s'adressant aux personnes qui l'entouraient, « il n'entend pas la plaisanterie. »

Il advint, à cette époque, une aventure à
Madrid, qui occupa vivement la curiosité
publique : la voici. Quelques détails préliminaires ne seront pas inutiles.

FIN DU DEUXIÈME VOLUME.

IMPRIMERIE DE Mme HUZARD (née VALLAT LA CHAPELLE),
rue de l'Éperon, n. 7.

9 782013 571142